rororo

rororo

MATTHIAS NAWRAT wurde 1979 im polnischen Opole geboren. Sein inzwischen fünf Romane umfassendes Werk ist in neun Sprachen übersetzt und viele Male ausgezeichnet worden – unter anderem mit dem Adelbert-von-Chamisso-Förderpreis, der Alfred Döblin-Medaille sowie dem Literaturpreis der Europäischen Union. Mit «Unternehmer» war er 2014 für den Deutschen Buchpreis, mit «Der traurige Gast» 2019 für den Preis der Leipziger Buchmesse nominiert. Matthias Nawrat lebt in Berlin.

«Ein uramerikanisches Alltagspanorama, das lange nachwirkt.» *Süddeutsche Zeitung*

«Mit ‹Reise nach Maine› bestätigt Matthias Nawrat den ausgezeichneten Ruf, den er sich seit seinem Debüt 2012 erschrieben hat.» *WDR*

«Unter der schimmernden Sprache liegen heimliche Abgründe. Wenn man sich am Ende fragt, ob überhaupt etwas passiert ist, merkt man, dass im Grunde alles passiert ist, was unter Menschen passieren kann.»
Neue Zürcher Zeitung

MATTHIAS
NAWRAT

REISE NACH MAINE

ROMAN

Rowohlt Taschenbuch Verlag

Veröffentlicht im Rowohlt Taschenbuch Verlag, Hamburg, Februar 2023

Die Zeilen auf Seite 215 stammen aus «Renascence» von Edna St. Vincent Millay, in: *The Selected Poetry of Edna St. Vincent Millay*, The Modern Library, New York 2002.
Covergestaltung any.way, Barbara Hanke / Cordula Schmidt, nach einem Entwurf von Anzinger und Rasp, München
Coverabbildung unsplash / Savannah Rohleder
Satz aus der Adobe Caslon Pro
bei Dörlemann Satz, Lemförde
Druck und Bindung GGP Media GmbH, Pößneck
ISBN 978-3-499-00572-5

I

Im Sommer 2018 brach ich mit meiner Mutter zu einer Reise in die USA auf. Es war Juli, wir hatten vor, eine Woche in New York zu verbringen, wo ich ihr ein paar meiner Lieblingsorte zeigen wollte, danach würden wir mit einem Mietauto an der Küste entlang Richtung Norden fahren. Meine Mutter hatte mich allerdings ausgetrickst. Kurz nachdem wir die Flüge gebucht hatten, sagte sie, dass sie nicht, wie ursprünglich geplant, die zweite Woche bei ihrem ehemaligen Studienfreund in Texas verbringen werde. Unter keinen Umständen könne sie eine ganze Woche bei ihnen bleiben, sie wolle nicht, dass seine Frau auf falsche Gedanken komme, sie fühle sich nicht wohl dabei. Und wo wir zwei schon endlich eine Reise machten, dann sollten wir sie auch wirklich zusammen machen und nicht schon nach einer Woche wieder getrennte Wege gehen.

Wir wollten uns abends in einem Hotel am Flughafen in Frankfurt am Main treffen, wo wir vor dem Abflug übernachten würden. Ich kam, weil der ICE aus Berlin am Nachmittag in einem Feld kurz vor Göttingen wegen eines Notarzteinsatzes auf den Gleisen für zwei Stunden stehen geblieben war, erst um Mitternacht im Hotel an.

Der Notarzteinsatz auf der Strecke musste eine beschönigende Bezeichnung für einen Suizid gewesen sein. Diese Tragödie verband sich für mich, während ich aus dem Fenster über das Feld zu einem bewaldeten Hügel am Horizont schaute, plötzlich mit dem anstehenden transatlantischen Flug mit meiner Mutter. Unser Flug würde, dachte ich, und ich wurde diesen Gedanken nicht mehr los, das Ende meiner Lebenserzählung sein. Obwohl ich schon Hunderte Male beruflich wie privat geflogen war, innerhalb von Europa und außerhalb, war ich mit einem Mal sicher, dass mein Leben am nächsten Tag – ausgerechnet während eines transatlantischen Flugs an der Seite meiner Mutter – nach einundvierzig Jahren enden würde, dass unsere Leben schon von Anfang an – in ihrem Fall in den 1950er-, in meinem in den 1980er-Jahren – auf dieses Ende zugelaufen waren. Der Notfalleinsatz auf den Gleisen war, so meinte ich auf einmal zu wissen, eine Warnung.

Ich kam am Flughafen an und versuchte, im Handy irgendeinen Bus zu finden, der noch zum Hotel fahren würde, als das Telefon in meiner Hand vibrierte.

Wo bist du?, fragte meine Mutter.

Am Flughafen, sagte ich.

Ich solle doch ein Taxi nehmen, sagte sie. Sie bezahle es mir. Sonst müsste ich zu Fuß gehen.

Der Taxifahrer fuhr gespenstisch ausgeleuchtete Geraden entlang; außerhalb der orangenen Lichtkegel der Laternen glaubte ich, Industriegebäude und Autohäuser zu erkennen. Plötzlich stand unter so einer Laterne meine Mutter. Sie winkte.

Du schaust müde aus, sagte sie, als das Taxi davongefahren war. Sie trug eine Pyjamahose und die weißen Stoffslipper, von denen sie behauptete, dass sie fürs Reisen sehr praktisch seien, weil man sie leicht falten könne, wodurch sie in jedes Gepäck passten.

Du kannst sofort schlafen gehen, sagte meine Mutter. Ich habe uns schon den Shuttlebus für morgen früh bestellt.

Wir betraten eine leere, grell beleuchtete Lobby und fuhren mit dem Aufzug in den ersten Stock. In unserem Zimmer roch es, was mir plötzlich unangenehm auffiel, nach der Handcreme, die meine Mutter für die Nacht benutzte und deren Geruch ich schon seit meiner Jugend kannte. Unter dem Fernseher lag auf dem Ständer mit den zwei schwarzen Bändern ihr aufgeklappter Koffer. Auf der Fensterseite des Doppelbettes war die Decke zurückgeschlagen, ein Buch lag offen auf dem Nachtschränkchen neben dem Kopfkissen, daneben ihre Lesebrille.

Meine Mutter sagte, sie rate mir, kurz zu duschen. Das werde mich erfrischen und beruhigen. Du wirkst unruhig, sagte sie.

Ich bin absolut ruhig, sagte ich.

Nachdem ich geduscht hatte, legte ich mich auf meine Seite des Bettes. Wir schalteten das Licht aus. Meine Mutter sprach im Dunkeln weiter, was mir plötzlich viel zu intim war, weil ihre Stimme jetzt direkt neben meinem Ohr zu schweben schien. Sie erzählte von New York und zitierte aus dem Reiseführer, den sie sich gekauft hatte, gleich nachdem wir unseren Flug gebucht hatten. Sie wolle, sagte sie, unbedingt auf dieser stillgelegten U-Bahn-Hochtrasse in Manhattan spazieren gehen. Sie sei vor ein paar Jahren zu einem Park umgewidmet worden. Und sie wolle in den Bryant Park.

Die Dunkelheit wurde nach einer Weile verdrängt von grauem Zwielicht. Stundenlang dachte ich, dass es schon längst Tag sein müsse und wir gleich aufstehen würden. Dieses Halbdunkel, in dem mich die schwarze Fläche des Fernsehbildschirms an der Wand anschaute, die halb angelehnte Tür zum Badezimmer, die auf der anderen Seite eines Innenhofs durch unser Fenster sichtbare Fensterfront eines anderen Hotelflügels, die bläulich leuchtete und zitterte, als befände sich im Hof ein Swimmingpool, drangen ununterbrochen auf meine Netzhaut ein. Dabei wusste ich die ganze Zeit ohne jeden Zweifel, dass ich längst schlief. Ich schlafe ja, dachte ich.

Irgendwann schlief ich ein. Aber genau in dem Augenblick plätscherte vom Nachttischchen ein sphärischer Klang aus meinem Telefon, und ich hörte, wie meine Mutter hinter der Wand zum Bad das Wasser im Waschbecken aufdrehte.

Ich hatte die Reise nach New York meiner Mutter zuliebe vorgeschlagen. Sie behauptete seit einigen Jahren immer wieder, dass weder mein Bruder noch ich gern Zeit mit ihr verbrachten, dass niemand von uns sie wirklich möge. Sie sei trotz der Scheidung von meinem Vater immer für alle da gewesen, habe die Familie zusammengehalten, aber für sie interessiere sich keiner. Ich hatte gehofft, dass mein Vorschlag, gemeinsam nach New York zu fliegen, sie endlich vom Gegenteil überzeugen würde. Aber tatsächlich hatte ich, wie ich nun erschrocken feststellte, die zweite Reisewoche, in der ich allein durch die Gegend fahren würde, als eine Art Belohnung für diese erste Woche mit meiner Mutter in New York angesehen. So gern ich meine Mutter hatte – ich liebte sie ja, sie war ja meine Mutter –, hatte ich mich doch darauf gefreut, allein von Ort zu Ort zu fahren, bis hinauf zu den geisterhaften Ortschaften an der Küste von Maine. Erst die Aussicht auf diese spätere Belohnung ließ mich wirkliche Vorfreude empfinden bei der Vorstellung, meine Mutter in New York herumzuführen, ihr all die für mich nach wie vor gigantischen Gebäude und Straßenzüge zu zeigen. Ich freute mich darauf, sie staunen und sich wundern zu sehen. Ich wusste, dass meine Mutter sich dafür würde begeistern können. Sie hatte in ihrer Jugend viele Reisen nach Rumänien, Bulgarien oder Jugoslawien unternommen. Seit der Scheidung von meinem Vater und seit sie in Rente war, reiste sie mit ihren Freundinnen aus der Kleinstadt, in die wir nach unserer Auswanderung in den 1980er-Jahren gezogen waren, durch ganz Europa.

Es war, wie ich feststellte, eine aufrichtige Freude gewesen, ich empfand sie tatsächlich. Aber jetzt, da meine Mutter auch die zweite Woche für sich beanspruchte, meine Allein-Woche, war meine Vorfreude nur noch ein theoretisches Konstrukt. Ich meinte plötzlich, dass ich sie nur empfand, weil meine Mutter sich das wünschte, es von mir erwartete. Ich hatte ihr etwas Gutes tun, ihr zeigen wollen, dass sie mir wichtig war. Aber sie hatte es geschafft, dachte ich, es in eine Pflicht umzuwandeln, ganz wie immer, wenn sie zu ihren Vorträgen anhob darüber, was Familie bedeute, dass damit Verpflichtungen verbunden seien. Etwas an dieser schrecklichen Rationalität und auch an der Art und Weise, wie diese Rationalität ihr ganzes Leben zu durchdringen schien, machte mich plötzlich wütend. Wieder einmal hatte sie es geschafft, dachte ich, sich als Leidtragende hinzustellen und doch ihren Willen zu bekommen.

Mit dieser Wut kam ich in New York an. Es war ungewöhnlich heiß, auch in Europa war seit ein paar Wochen von einem Jahrhundertsommer die Rede gewesen. Wir passierten die Schranke der Homeland Security und nahmen den Air-Train zur Jamaica Station. Dort stiegen wir in einen Regionalzug, der aussah wie eine verbeulte Blechdose. Uns gegenüber saß eine schwarze Frau mit drei Kindern, die sie ständig zurechtwies, sie sollten stillsitzen. An der Station Atlantic Avenue-Barclays Center stiegen wir zwei Ebenen tiefer in die Subway Richtung Brooklyn.

Die Leute in unserem Wagen saßen stumm da und wedelten sich Luft zu. Als wir an der Station Sterling Street ausstiegen, empfingen uns am Fuß der Treppe wieder die Hitze und das grelle Tageslicht. Obwohl ich mich freute, wieder hier zu sein, fühlte ich mich erschöpft, und auch meine Mutter wirkte müde. Wir gingen mit unseren Rollkoffern durch eine Gegend, in der wir die einzigen Weißen waren, was mir erst jetzt, an der Seite meiner Mutter, auffiel. Ich hatte mich für jemanden gehalten, der dem sonst keine Bedeutung beimaß. In einem Schaufenster hingen Männeranzüge. Vor einem Ecklokal, das *Caribbean Grill* hieß, saßen Männer auf Plastikstühlen im Schatten und nickten uns zu.

Unser Haus war weiß gestrichen und zweistöckig und hatte einen halbrunden Erker, wie alle Häuser in der Straße. Ich tippte an der Haustür, den Anweisungen in der Airbnb-App folgend, den Code ein. Das Schloss piepte, und wir traten, während sich die Stadt und das grelle Sonnenlicht, die tonnenschwere Hitze und der Gestank des Tages noch einmal um uns zu verdichten schienen, in den Flur. Das Halbdunkel und die Kühle überraschten mich derart, dass ich halb blind stehenblieb und meine Mutter in mich reinstolperte, was mich in diesem Moment maßlos ärgerte. Wir durchquerten, wie von unserer Vermieterin angewiesen, den Flur an der steilen Treppe, wo, wie ich im Vorbeigehen feststellte, eine Wohnungstür offen stand und den Blick auf ein in einem Wohnzimmer stehendes Bett freigab. Aus dem Bett schaute mich, wie ich wahrzunehmen glaubte, ein schwarzes Gesicht an, mit einer Aura aus zu allen Seiten abstehendem grauem und violettem Haar. Eine weibliche Stimme war aus einem hinteren Bereich des Zimmers zu hören, dann ein flötenartiger Ton aus dem Bett. Dann wieder die resolute weibliche Stimme, die in einem afroamerikanischen Slang – oder dem, was ich dafür hielt – sagte: It's just so beautiful and full of grace, we should just do it, don't you think, Mariella?

Unsere Wohnungstür ging vor mir auf, und ich stand mitten im Wohnzimmer auf einem Teppich, zwischen einem niedrigen Sitzpolster, einem Wohnzimmertisch, der aussah wie aus schwarzem Stein gehauen, und einem Sofa dahinter. Die Fenster waren abgedunkelt, in einem brummte der Kasten der Klimaanlage. Die Luft kam mir sofort irgendwie tiefenlos vor, wie mit sich selbst kurzgeschlossen. Es roch nach Teppich und Holz.

Vielleicht können wir ein Fenster öffnen, sagte meine Mutter, noch in der Tür stehend.

Dann kommt die Hitze rein, sagte ich.

Meine Mutter stellte ihren Koffer an die Wand. Wir warfen einen Blick ins Bad, in die Küche, ich öffnete auch die Tür zum Schlafzimmer, das vom Hauptzimmer abging. Ich hatte plötzlich die Hoffnung, dass die Wohnung meiner Mutter gefiel, dass sie sich hier wohlfühlen würde. Wir waren angekommen. Auf mich wirkte die Wohnung bequem und gemütlich.

Ich sah die Bewegung neben mir nur aus dem Augenwinkel. Erst in dem Moment, in dem meine Mutter einen Schritt nach vorne tat, erinnerte ich mich wieder an den Hocker, der irgendwo vor dem Wohnzimmertisch stehen musste, irgendwo direkt unter uns und vor ihren Füßen.

Ich sah den Sturz meiner Mutter in einer extremen Verlangsamung, die Strecke bis zum Boden schien auf einmal unglaublich weit. Der Tisch stand tief unter uns, sehr weit von uns entfernt. Es ist reine Mathematik, dachte ich in dem Moment. Meine Mutter war der Schenkel eines Dreiecks, sie klappte einfach der Länge nach, mit dem ungeschützten Gesicht voran, nach vorne um.

Ich hörte einen dumpfen Schlag, dann rollte sie zur Seite und blieb mit dem Rücken auf dem Teppich liegen.

Ich war schon mehrere Male in New York gewesen, zuletzt mit Laura, meiner Freundin, und wir hatten in der Gegend gewohnt, in der ich auch jetzt für meine Mutter und mich eine Wohnung gemietet hatte. Das Viertel hieß Crown Heights, es war eine normale Wohngegend, es gab ein paar Delis und Schulen und mehrere Kirchen, und die Straßen waren gesäumt von Brownstones und weißen Holzhäusern mit Veranda. Trotzdem hatten meine Mutter und ich, als wir von der U-Bahn zu unserer Unterkunft gegangen waren, auf der U-Bahn-Treppe über eine im Schlafsack daliegende Person steigen müssen, die uns gegrüßt hatte. In einem Garten hatte ein aufgeschlitztes Sofa gestanden, auf dem Müllsäcke aufgestapelt waren. Auf einer Veranda, die zu einer Seite abgesunken war, saß ein alter schwarzer Mann auf einem Stuhl und hob, als wir vorbeikamen, die Hand.

Wie früher in Rumänien, sagte meine Mutter.

Ich erinnerte mich plötzlich an einen Spaziergang mit ihr vor ein paar Jahren, als ich ihr Lauras und mein Wohnviertel gezeigt hatte. Ich hatte sie am Kanal entlanggeführt, wir waren zuerst an einem alten Fabrikgebäude vorbeigegangen, in dem seit ein paar Jahren Leute ihre Arbeitsateliers eingerichtet hatten und im Erdgeschoss an drei Tagen in der Woche eine Bar betrieben, in der man ein Mittagsgericht essen konnte. Danach hatten wir langgezogene Plattenbauten passiert. Auf mich wirkten die Gebäude auf eine geheimnisvolle Art anziehend – ich liebte den Bruch im Schönen, ich war, wenn ich darüber nachdachte, nach Berlin gezogen, um den pittoresken Mittelalterstädten Süddeutschlands und den sauberen Wohnvierteln der Kleinbürger Europas zu entkommen. Die Brachen Berlins, die hässlichen, aber eine Ahnung von sozialer Idee verströmenden Platten aus der sozialistischen Vergangenheit hatten mich angezogen, der Schmutz, der Verfall, die sich in den Mauervorsprüngen einnistenden Grasbüschel. Neben billigem Wohnraum barg diese heruntergewirtschaftete, graue Vergangenheit Europas – vielleicht, weil sie mich an unsere Siedlung in Polen erinnerte und damit an die mystischen Tage meiner Kindheit – für mich auch ein Versprechen.

Meine Mutter hatte in ihrer Jugend, dachte ich nun, durch diese periphere Gegend in Brooklyn gehend, Reisen nach Rumänien unternommen, ans Schwarze Meer, in der Hoffnung auf einen Hauch von Luxus und Wohlstand an jenem exotischen Ende der ihr damals zugänglichen Welt. Der Dreck, die zerfallenden Gebäude, die nur einen Schritt hinter der touristischen Hauptstraße beginnenden deprimierenden Wohnviertel von Konstanza waren alles andere als schön gewesen. Sie waren arm und heruntergekommen gewesen, vom narzisstischen Wahn Ceaușescus ausgelaugte, ungepflegte, kaputte und nie reparierte Siedlungen, deren mittellose Bewohner von den Einkünften aus dem Tourismus nichts abbekamen, weil immer jemand aus der Verwaltung schneller war, schon seine Tasche aufgemacht, sich das Seine genommen hatte. Und nun hatte ich meine Mutter hierhergeschleppt, in dieses Viertel von Brooklyn. Sie lag mit angewinkelten Beinen auf dem Rücken. Lag für eine ewig andauernde Sekunde so da und bewegte sich nicht. Dann hob sie die Hände zum Gesicht und sagte: Au.

Ich stand über sie gebeugt und fragte immer wieder, was genau los war. Dann standen wir im Bad, und der Wasserhahn lief. Ich sah mich selbst wie von außen, wie ich Blut vom Rand des Waschbeckens wischte. Ich wischte Blut vom Boden. Dann wischte ich Blut aus der Badewanne. Dann war auch auf der Klobrille Blut und auf dem Keramikgehäuse des Spülkastens. Es kam mir sehr wichtig vor, das Blut sofort wegzuwischen, damit es so aussah, als wäre nichts geschehen.

Ich glaube, es ist alles o.k., sagte meine Mutter mit näselnder Stimme. Sie lag jetzt plötzlich auf dem Sofa im Wohnzimmer, und ich stand neben ihr. Sie drückte sich ein nasses, rosa gefärbtes Papiertuch gegen das Gesicht.

Dann stand ich vor dem offenen Kühlschrank in der Küche und wickelte Eiswürfel in zwei Lagen Küchenpapier. Ich legte das Bündel neben der Spüle ab und holte Klopapier aus dem Bad und wischte das Blut von den Fliesen des Küchenbodens und fragte mich, warum denn auch in der Küche Blut war.

Dann stand ich wieder im Wohnzimmer und wählte die Nummer auf der Versichertenkarte meiner Mutter, eine Münchner Nummer, wie ich dachte, der Anruf würde, dachte ich besorgt und überlegte schon, aus Kostengründen auf ihn zu verzichten, sehr teuer werden, da wir doch in den USA waren. Wir sind in den USA, dachte ich.

Ihre Mutter hat leider keine Reiseversicherung bei uns abgeschlossen, sagte der Mann in München. Er lispelte stark, was mich mindestens genauso stark verwirrte. Ich solle herauszufinden versuchen, ob meine Mutter vielleicht anderswo eine Reiseversicherung abgeschlossen habe, schlug der Mann vor, vielleicht über die Kreditkarte?

Ich muss vielleicht gar nicht ins Krankenhaus, sagte meine Mutter, als ich auflegte. Sie hatte sich aufgesetzt, drückte das Papiertuch mit dem Eis gegen ihr Gesicht und versuchte aufzustehen.

Sie legte sich wieder hin.

Vielleicht kannst du auf der Straße Hilfe holen, sagte sie.

Jetzt dachte wiederum ich, dass das vielleicht gar nicht nötig wäre – ich müsste nur schnell das Blut wegwischen. Ich sah mich selbst auf dem Sofa liegen, nach einer Dusche, erfrischt und abgekühlt. Ich sah uns kaltes Wasser aus einem Glas trinken, sah, wie meine Mutter sich auf dem Bett nebenan ausstreckte, erschöpft, aber entspannt. Schon demnächst, vielleicht schon heute Abend, so dachte ich, wenn wir uns nur ein bisschen ausgeruht hätten und die Hitze draußen etwas abgeklungen wäre, würden wir einen ersten Ausflug in die Stadt unternehmen. An den East River, unten bei den Docks von Dumbo, in das neue Viertel mit den Galerien und Cafés, wo es einen neuen Park gab, durch den man mit Blick auf Manhattan spazieren konnte, umweht von der frischen Atlantikluft, die von der Bucht heraufkam, während Jugendliche auf den Courts Basketball und Fußball spielten. Ich spürte, wie etwas in mir losließ, sich zu entspannen begann.

Dann stand ich mitten im Raum und durchlebte wieder den Moment, in dem meine Mutter fiel. Sie fiel unendlich langsam, unendlich lang, wie aus zehn Metern Höhe, und schlug mit dem Gesicht frontal auf der Kante des schwarzen Tisches unter mir auf. Ich sah vor mir, auf Kniehöhe, den Tisch aus schwarzem Holz, das glatt wie Stein aussah und matt glänzte. Er wirkte gedrungen und schwer wie ein Amboss. In seine Seiten waren Figuren geschnitzt, was ihn auch ein bisschen wie einen Opferstein aussehen ließ. Ich bückte mich und versuchte, ihn zur Seite zu schieben, aber er war so schwer, dass ich ihn nicht bewegen konnte. Wir müssen ins Krankenhaus, sagte ich.

Um meine Mutter herum war der Teppich bedeckt mit Knäueln von rosa gefärbtem Papier. In der Kuhle an ihrem Hals hatte sich eine Pfütze aus Blut gesammelt. Ich versuchte, unsere Vermieterin anzurufen, Candy, und sprach ihr eine Nachricht auf die Mailbox, in der ich unsere Lage schilderte. Ich versuchte Noam anzurufen, einen Freund, den ich hier treffen wollte, aber auch er ging nicht ran.

Mir kam die Stadt außerhalb des Zimmers plötzlich wie die feindliche Welt in einem Albtraum vor. Die Straßen um das Haus waren voller Leute, die untätig herumstanden und uns, sobald wir vor die Tür träten, ausrauben würden. Ich bildete mir ein, eine Polizeisirene zu hören, etwas war gerade vorgefallen, etwas stimmte dort draußen nicht.

Ich durchsuchte die Karten im Portemonnaie meiner

Mutter. Ich wählte die Nummer ihrer Krankenkasse in Deutschland. Dann fiel mir ein, dass ich gerade dort angerufen hatte. Gerade eben hast du doch mit dem Mann gesprochen, der gelispelt hat, dachte ich.

Ich öffnete die Wohnungstür und ging durch den Flur auf die Haustür zu. Aus der Tür, an der wir beim Betreten des Hauses vorbeigekommen waren, trat ein Mann. Als er mich sah, blieb er stehen. Er schaute an mir herunter.

Was ist passiert?, fragte er.

Meine Mutter ist hingefallen, sagte ich.

Er machte einen Schritt zurück und verschwand in der Wohnung. Dann war er wieder da. Ich heiße Dale, sagte er. Lassen Sie mich Ihre Mutter mal anschauen.

Er ging an mir vorbei und den Flur entlang zu unserer Wohnung. Er hatte eine Art Ledertasche in der Hand. An der Tür drehte er sich zu mir um und sagte: Kommen Sie, ich werde mir Ihre Mutter anschauen. Ich bin Arzt.

Der Mann, der Dale hieß, trat durch die Tür, und ich folgte ihm ins Wohnzimmer. Meine Mutter lag auf dem Sofa, inmitten einer Müllhalde aus Papiertüchern, und schaute uns an. Sie drückte sich wieder ein Papier gegen das Gesicht.

Hallo, ich heiße Dale, sagte Dale und stellte sich über sie. Ich bin Arzt.

Ich heiße Celina, sagte meine Mutter.

Hallo, Celina, sagte Dale.

Er sagte, dass er sich freue, sie kennenzulernen, und dass alles gut werden würde. Dass sie sich keine Sorgen zu machen brauche.

Er stellte seine Tasche neben das Sofa und öffnete sie. Darin befanden sich Mullbinden und Medikamente, eine Schere und ein Stethoskop und andere Utensilien.

Ich bin Ihr Nachbar, sagte Dale zu meiner Mutter. Sie liegen eigentlich gerade in meinem alten Zimmer, Celina. Genau hier, wo das Sofa steht, stand früher mein Bett. Wir haben damals beide Wohnungen bewohnt. Können Sie mir sagen, was Ihnen passiert ist?

Meine Mutter sagte, dass sie gestolpert und hingefallen sei, mit dem Gesicht gegen die Tischkante. Es ist aber nicht schlimm, sagte sie. Dann erklärte sie ihm, dass sie vermute, ihre Nase sei gebrochen. Das Atmen falle ihr schwer.

Darf ich mir Ihre Nase anschauen?, fragte Dale. Es wird alles gut, ich bin hier und helfe Ihnen.

Gibt es denn in der Nähe ein Krankenhaus?, fragte meine Mutter.

Gleich um die Ecke befindet sich das Kings County Hospital Center, sagte Dale. Es ist ein kommunales Krankenhaus, aber es arbeiten gute Ärzte da, ich habe dort meine praktische Ausbildung gemacht. Man muss manchmal etwas länger warten, aber jeder bekommt Hilfe, und die Ärzte und Ärztinnen sind hervorragend.

Wir haben keine Versicherung, sagte ich.

Das ist kein Problem, sagte Dale. Das wird alles irgendwie gehen.

Er hob das Papiertuch vom Gesicht meiner Mutter, und zum ersten Mal konnte ich sehen, wie sie jetzt aussah. Die Nase war geschwollen und wirkte leicht verschoben, unter ihren Augen glänzten zwei tiefschwarze Balken. Sie sahen aus wie mit einem Edding aufgemalt, wie Kriegsbemalung oder wie die Gesichtsbemalung eines Footballspielers. Ein Schnitt war auf dem Nasenrücken zu sehen, sodass ich mich fragte, ob das ganze Blut aus der Nase oder aus der Wunde gekommen war. Ich spürte, wie ruhig meine Mutter wurde, als Dale in Latexhandschuhen und mit einer Mullbinde die Wunde abtupfte, wie still sie auf dem Sofa lag.

Auch ich wurde ruhig. Es lag, wie ich feststellte, an der Art und Weise, wie Dale die Handgriffe ausführte. Er trug eine Bügelfaltenhose mit Gürtel und ein in die Hose gestecktes weißes Polohemd mit kurzen Ärmeln. Sein schwarzes Haar war an einigen Stellen ergraut, aber nur leicht. Er hatte, bevor er sich über meine Mutter beugte, eine Brille mit silbernem Gestell aufgesetzt.

Es schaut nicht so schlimm aus, sagte er zu meiner Mutter. Bestimmt fühlt es sich schlimmer an, als es ist.

Das denke ich auch, sagte meine Mutter.

Ich würde trotzdem ins Krankenhaus fahren, sagte Dale. Nur zur Sicherheit. Ich kann nicht sagen, ob die Nase gebrochen ist oder nicht.

O.k., sagte meine Mutter.

Wir haben keine Versicherung, sagte ich.

Die im Krankenhaus regeln das, sagte Dale.

Wir haben nur eine deutsche Krankenversicherung, keine fürs Ausland, erklärte ich.

Das wird bestimmt alles klappen, sagte Dale. Ihr müsst euch keine Sorgen machen, sagte er und erhob sich. Was für ein Pech. Ausgerechnet an eurem ersten Urlaubstag. Ich rufe euch ein Taxi, ich werde rüber zu meiner Mutter gehen und eines für euch rufen, o.k.? Ich bin nicht weit weg, nur drüben. Ich hole euch, wenn es vor der Tür steht. Das Krankenhaus ist nur drei Blöcke entfernt, ihr seid schnell dort und dann schnell wieder hier.

Es ist alles nicht so schlimm, sagte meine Mutter, als Dale gegangen war und ich mich daranmachte, ein paar Sachen in ihren Rucksack zu packen. Ich holte aus ihrem Koffer ein T-Shirt, ich packte unsere Geldbeutel ein.

Es tut mir sehr leid, sagte sie in der Mitte des Zimmers stehend, wir können bestimmt später noch in die Stadt.

Wir müssen doch heute nicht mehr in die Stadt, sagte ich.

Es tut mir leid, dass ich dir den Urlaub verderbe, sagte meine Mutter.

Du verdirbst mir doch nicht den Urlaub, sagte ich. Das ist doch nicht nur mein Urlaub. Außerdem ist der Urlaub jetzt nicht wichtig.

Es war ein peinlicher Rassismus, den ich wieder an mir feststellte, nachdem ich meiner Mutter ins Taxi geholfen hatte und neben ihr eingestiegen war. Ich wusste doch, dass die Leute in diesem Viertel normale Leute waren. Und doch erschienen mir jetzt alle potenziell gefährlich, mindestens aber schwer einzuschätzen. Wer war dieser Dale, und was wollte er eigentlich, dachte ich, während seine winkende Gestalt im Rückfenster verschwand. Mir schien nun auch, von der Rückbank aus, das dunkle Gesicht des Taxifahrers im Rückspiegel vollkommen unlesbar, ich konnte es gar nicht erkennen. Ich war, als er uns fragte, wohin wir wollten, und ich es ihm sagte, nicht in der Lage gewesen, seine Gesichtszüge zu erfassen.

Was ist passiert?, fragte er jetzt.

Meine Mutter erklärte ihm, dass sie hingefallen sei und sich dabei möglicherweise die Nase gebrochen habe.

Oh, I'm sorry, sagte er.

Nicht so schlimm, sagte meine Mutter in einem Tonfall, als wäre das die normalste Plauderei der Welt. Sie erzählte ihm, dass wir vielleicht heute Abend noch in die Stadt fahren würden. Sie fragte ihn, wie es sei, in New York Taxi zu fahren.

Es gefalle ihm meistens, sagte er. Er habe niemals einen anderen Beruf ausüben wollen. Schon als Kind, sagte er, aber wir sollten es keinem weitersagen. Man sei ziemlich unabhängig, mache Pause, wann man wolle, man komme herum und lerne interessante Leute kennen, und man könne jeden Tag genau den Lunch essen, auf den man an genau diesem Tag Lust habe.

New York ist riesig, sagte meine Mutter.

Absolut, sagte er.

Er fragte, woher wir kämen.

Aus einer kleinen Stadt in Franken, Bamberg, sagte meine Mutter.

Interessant, sagte er. Das kenne er nicht.

Es ist in Bayern, sagte meine Mutter.

Er würde sich gern noch länger mit uns unterhalten, sagte der Fahrer, aber leider seien wir schon da.

Wir waren in eine Einfahrt eingebogen und vor einer Glastür stehen geblieben.

Sie hätten leicht noch weiterfahren können. Woher sollten wir denn wissen, dass es so nah ist, sagte meine Mutter.

Das ist wahr, sagte der Taxifahrer und lachte. Seine Augen verschwanden, wie ich im Rückspiegel sehen konnte, in einem Kranz kleiner Fältchen.

Hundert Dollar?, sagte meine Mutter.

Er lachte wieder. Für euch habe ich ein Sonderangebot, ich habe derzeit Nasenbruch-Wochen.

Viel zu lang kramte ich, nachdem wir ausgestiegen waren, das Geld aus meinem Portemonnaie und reichte es dem Taxifahrer endlich durchs Fenster. Ich hatte keine Ahnung, wo wir waren. Obwohl wir höchstens drei Minuten gefahren waren, hatten wir mehrfach die Richtung gewechselt.

Das Taxi fuhr davon. Das Gebäude vor uns hatte sieben oder acht Stockwerke und schien sich über mehrere Blöcke zu ziehen. Ein Schild über der Glastür wies es als das Emergency Center des Kings County Hospital aus. Auf der gegenüberliegenden Straßenseite, in einer Zeile aus zweistöckigen Häusern, lagen drei Lebensmittelgeschäfte direkt nebeneinander. Ein Auto fuhr vorbei, danach blieb die Straße still und leer, es herrschte eine Stimmung wie an einem Sonntag in einer Kleinstadt.

Vor einem Aschenbecher neben dem Eingang stand ein Mann in meinem Alter und telefonierte. Er telefonierte auf eine interessante Weise, und überhaupt schien mir alles an ihm bemerkenswert. Er war schlaksig wie ein noch nicht ausgewachsener Jugendlicher, aber um seinen Mund sprießte ein Bart. Seine kurze Hose und das gelbe Trikot der L.A. Lakers waren ihm viel zu weit. Dazu trug er weiße, bis zu den Knien hochgezogene Strümpfe, die wiederum in überdimensional großen schwarzen Lederschuhen steckten, die eher zu einem Anzug gepasst hätten. Auf seinem bandagierten Kopf saß eine gelbe Basecap der L.A. Lakers. Er ging neben dem Aschenbecher auf und ab und sprach aufgeregt in sein Telefon, das zwischen seine Mütze und die Bandage geklemmt war. Während er telefonierte und auf und ab ging, rieb er sich die freien Hände vor dem Körper, als würde er sie eincremen. Exactly, sagte er und lachte. Dann trat er vor die Glastür, die vor ihm auseinanderglitt, und verschwand im Gebäude.

Jetzt waren meine Mutter und ich die einzigen Menschen weit und breit.

Ist das Krankenhaus überhaupt geöffnet?, fragte meine Mutter.

Wir waren durch eine Folge von Glastüren in eine Halle getreten. Vor uns befand sich ein Tresen, an dem zwei schwarze Frauen in blauer Krankenhauskleidung vor je einem Bildschirm saßen und sich miteinander unterhielten. Rechter Hand entdeckte ich einen weiteren Schalter – oder eher einen niedrigen Holzschreibtisch –, hinter dem ein junger weißer Typ saß, der ebenfalls blaue Krankenhauskleidung trug. Zu unserer Linken öffnete sich ein Raum, in dem mehrere Reihen von Leuten in Plastikschalensesseln saßen wie in einer Abflughalle. Eine alte Frau schlurfte in kleinen langsamen Schritten zwischen den Sitzreihen hin und her. Im hinteren Bereich des Raums sah ich den Dünnen mit dem Telefon in der Mütze vor einem Automaten.

Wir stellten uns, weil ich mich nicht zuerst dem jungen Weißen zuwenden wollte, vor eine der zwei schwarzen Krankenpflegerinnen. Sie trug silberne Ohrringe und hatte lange pinke Fingernägel, laut Namensschild hieß sie Joanne. Monique weiß gar nicht, wie man da rauskommt, sagte sie gerade zu ihrer Kollegin.

Sie sollte es aber langsam wissen, antwortete diese.

Ich sagte Hallo, und fragte, wie es ihnen ging. Sie drehten sich zu uns um, und Joanne sagte, dass es ihr gut ging, wie es mir ginge. Ich sagte danke, gut, wobei wir das Problem hätten, dass meine Mutter hingefallen sei und sich verletzt habe.

I broke my nose, sagte meine Mutter. Sie hatte, wie ich plötzlich feststellte, ein blaues Kühlpad in der Hand, das sie von Dale bekommen haben musste. Sie drückte es von oben auf die Nase, aus der unten zwei zusammengeknüllte Papierstreifen ragten.

Oh no, sagte Joanne. Sie war klein und dick und trug eine gepflegte, bläulich schimmernde Ponyfrisur. Sie konnte, dachte ich, höchstens zwanzig sein.

Joanne schaute meine Mutter mitfühlend an. Wenn wir ihr unser Anmeldeformular geben könnten, sagte sie, werde sie uns sofort ins System aufnehmen.

Wir haben kein Anmeldeformular, sagte ich.

Warum habt ihr kein Anmeldeformular?, fragte sie.

Wo können wir eines bekommen?, sagte ich.

Sie zeigte auf den Schreibtisch des jungen Mannes hinter uns und erklärte, dass wir uns zuerst anmelden müssten, danach könnten wir mit dem Anmeldeformular zu ihr kommen, dann werde sie uns sofort ins System aufnehmen.

Wir haben keine Versicherung, sagte ich.

Das machen wir später, sagte sie und drehte sich zu der anderen Schwester um und sagte: Wenigstens weiß Monique, wie man sich interessant macht.

Wir stellten uns vor den Schreibtisch des jungen Mannes. Er trug ein Stethoskop um den Hals und hatte, wie es schien, noch keinen Bartwuchs. Während wir vor seinem Schreibtisch standen, der mir kaum übers Knie reichte, unterhielt er sich mit einer Pflegerin, die hinter ihm am Computer saß.

Ich sagte Hallo und fragte, wie es ihm ging, worauf er sich

zu uns umdrehte und mir von unten zunickte. Es gehe ihm gut. Wie es uns gehe? Ich hörte meine Mutter mit näselnder Stimme sagen, dass sie sich möglicherweise die Nase gebrochen habe.

Oh no, sagte er völlig unbewegt, was mich irgendwie aufbrachte. Er fragte, wie es passiert sei, und meine Mutter erklärte es ihm.

Wo seid ihr her?, fragte er.

Aus Bamberg, sagte meine Mutter. In Bayern. Eigentlich in Franken.

Herzogenaurach, sagte der junge Mann, der, wie ich jetzt bemerkte, kein Namensschild trug, sondern nur das Stethoskop. Eine Freundin von mir kommt von dort, erklärte er. Sie hat mit mir zusammen das praktische Jahr in einer Klinik in San Diego gemacht. Tina. O.k., Leute, wir müssen euch anmelden, es wird alles gut. Habt ihr euer Aufnahmeformular für mich?

Das Aufnahmeformular?, sagte ich. Wir haben gehofft, es hier zu bekommen.

Nein, das bekommt ihr drüben, bei meinen Kolleginnen. Bei mir kriegt ihr das Anmeldeformular. Braucht ihr eines?

Ich weiß es, ehrlich gesagt, nicht, sagte ich.

O.k., sagte er. Ich denke, ihr braucht eines. Aber zuerst müsst ihr zu meinen zwei Kolleginnen dort drüben. Sie geben euch das Aufnahmeformular. Das bringt ihr dann zu mir.

Wir haben keine Krankenversicherung, sagte ich.

Darum kümmern wir uns später, sagte er.

Wir traten zurück an den anderen Schalter, und ich sagte

zu Joanne, die sich sofort umdrehte und uns freundlich anlächelte, dass wir ein Aufnahmeformular bräuchten. Ihr Kollege habe uns gesagt, dass wir erst ein Aufnahmeformular ausfüllen müssten, bevor er uns das Anmeldeformular geben könne.

Es ist genau umgekehrt, sagte Joanne. Sie verdrehte die Augen, schaute die andere Pflegerin an und lächelte uns dann zu. Kenny!, rief sie quer über die Halle.

Ja?, rief der junge Mann, der sich in seinem Stuhl zurücklehnte und mit je einer Hand ein Ende des Stethoskops umfasst hielt, daran zog und sich noch weiter zurücklehnte.

Sie seufzte, schob den Stuhl zurück und stand auf. Please excuse me, sagte sie zu uns. Sie ging umständlich um die Theke herum und durch die Halle zu seinem Schreibtisch. Sie stand dort eine Weile über ihm und sprach auf ihn ein. Er schüttelte den Kopf, fasste, während er von hinter seinem Tischchen zu ihr aufschaute, mit beiden Händen nach dem Stethoskop und zog daran. Dann redete er auf sie ein, und sie schüttelte dabei den Kopf. Die Pflegerin hinter ihnen lachte. Sie drehte sich zu ihrem Computer um und tippte etwas ein. Kurz darauf begann der Drucker zu ruckeln und zu rattern, und Joanne kam mit einem Blatt Papier zurück um die Theke und schob es uns zu.

Am besten, sagte sie zu mir, füllen Sie das hier aus. Und Ihre Mutter – wie heißen Sie?, fragte sie meine Mutter.

Celina, sagte meine Mutter.

Ein sehr schöner Name, sagte sie. Ich heiße Joanne, freut mich, Sie kennenzulernen. Am besten, sagte Joanne, Ihr Sohn füllt das hier aus, und in der Zeit kümmern wir beide uns um das Aufnahmeformular. Dann geht alles schneller. Wir wollen doch, dass Sie so schnell wie möglich mit einem Arzt sprechen können, oder?

Das wäre gut, sagte meine Mutter.

Sie sagte es auf Deutsch, als hätte sie sich im Register geirrt, was mich auf einmal erschreckte. Joanne aber sah sie nur interessiert an und nickte dann.

Wir wollen keine Zeit verlieren, sagte sie. Sie war jetzt voller Tatendrang, öffnete eine Schublade unter ihrem Computerbildschirm, schob sie wieder zu. Sie zog einen Stift aus ihrer Brusttasche und steckte ihn in einen Stifthalter neben dem Bildschirm.

Bitte beeilen Sie sich, sagte sie zu mir, während sie in ihre Tastatur tippte und dabei auf den Bildschirm schaute. Sie können sich zum Ausfüllen hinsetzen.

Ich nahm das Formular und das Klemmbrett mit dem Kuli entgegen und betrat auf weichen Beinen den Wartebereich. Joanne winkte meine Mutter zu ihrem Bildschirm. Ich suchte mir einen Sitzplatz an der Glasfront aus, sodass ich die Theke und meine Mutter im Blick hatte. Neben mir saß eine grauhaarige Frau sehr gerade auf der Kante ihrer Sitzkuhle, offenbar jederzeit bereit, aufgerufen zu werden. Sie trug ein Stoffkleid, ihre Waden waren bandagiert, die Füße steckten in Stoffschlappen, die wie Hausschuhe aussahen. Ihr Kopf pendelte hin und her, aber irgendwie leer und verlangsamt, dann starrte sie wieder geradeaus. Erst jetzt bemerkte ich den Gang neben der Theke, der an einer geschlossenen Flügeltür endete. Vor dem Gang saß auf einer Art Barhocker ein Mann in einer dunkelblauen Uniform.

Die Frau neben mir schaute irgendwie sehr aktiv diesen Polizisten und die von ihm bewachte Tür an.

Auf dem Formular wurde nach einer Adresse gefragt. Ich trug die Adresse meiner Mutter in Bamberg ein. Dann dachte ich, dass vielleicht unsere Unterkunft hier in Brooklyn gemeint sein könnte, und strich die Adresse wieder durch und trug die Adresse von Candys Wohnung ein. Sie werden, dachte ich, die Rechnung irgendwohin schicken wollen, und zu der Zeit wären wir wahrscheinlich schon mit dem Auto unterwegs oder vielleicht sogar längst zu Hause.

Ich schrieb in Klammern die Adresse meiner Mutter wieder dazu.

Neben den persönlichen Daten wurden alle möglichen Nummern abgefragt, deren Abkürzungen (SSN, ITIN) mir nichts sagten, was mich besorgte. Ich blickte auf und schaute in die Gesichter der Leute, die in den Sitzreihen um mich saßen. Meine Mutter und ich waren neben dem jungen Arzt Kenny die einzigen Weißen im Wartesaal. Eine junge Frau lag mit angezogenen Beinen über zwei Sitzkuhlen auf der Seite, sie war mit einem Wollmantel oder einer besonders langen Strickjacke zugedeckt, auf der mehrere angesengte Stellen zu sehen waren. Sie starrte auf den Boden und rieb sich mit der Hand ununterbrochen über den angewinkelten Arm unter ihrem Kopf.

Neben ihr saß eine hochschwangere Frau. Einer ihrer Unterschenkel wies eine riesige offene Hautstelle auf. Sie schaute mit glasigem Blick vor sich hin und murmelte in sich hinein. Ihr gegenüber saß ein Mann in einem braunen Anzug mit Bügelfalten. Unter dem Jackett trug er ein gelbes

Hemd und eine braune Krawatte. Auf seinen Knien hielt er einen Aktenkoffer, an seiner Hand konnte ich einen goldenen Ehering sehen. Er nickte mir, als sich unsere Blicke trafen, zu.

Die Leute saßen hier, wie ich plötzlich zu wissen glaubte, seit Stunden oder sogar Tagen. Aber es wirkte nicht so, als seien sie deshalb verzweifelt oder verärgert. Niemand stand auf und fragte, wie lange es noch dauern werde. Ich bildete mir ein, in den verlangsamten Blicken eine absolute Ergebenheit erkennen zu können. Zugleich wusste ich, dass ich vielleicht Opfer meines fremden Blicks wurde. Die Menschen um mich kamen aus diesem Viertel, dies war ihr Leben, sie kannten sich mit den Abläufen hier aus. Einer war Geschäftsmann, eine Frau erwartete ein Kind. In der Notaufnahme eines Krankenhauses, an einem Sonntagnachmittag in der heißesten Zeit des Jahres, musste man vielleicht einfach etwas länger warten.

Der telefonierende schlaksige Mann ging mit einem Becher Kaffee in der Hand an mir vorbei. Ich stand auf und stellte mich neben meine Mutter an die Theke. Joanne nahm mein Formular entgegen. Ich zeigte ihr die leeren Zeilen und erklärte, dass ich diese Nummern nicht würde eintragen können. Sie schaute mich etwas irritiert an. Dann stand sie auf, kam um die Theke herum, berührte meine Mutter am Arm und führte sie zu der Tür am Ende des kurzen Gangs, die der Polizist – sie nannte ihn Marvin – mit einem Schlüssel, den er an einem Zipper am Gürtel trug, aufschloss. Meine Mutter schaffte es gerade noch, mir zuzuwinken, dann hatten sich die Türflügel hinter ihr geschlossen.

How are you doing?, fragte mich der Polizist. Dann setzte er sich wieder auf seinen Hocker und schaute durch die Wartehalle und die Glasfront zur Straße hinaus.

Als Joanne zurückkam, fragte ich sie, wie lange es wohl dauern werde. Sie sagte, der Arzt wolle sich meine Mutter demnächst anschauen, ich könne derweil im Wartebereich Platz nehmen. Ich fragte, ob genug Zeit bliebe, etwas zu essen zu holen, meine Mutter und ich hätten seit Stunden nichts gegessen und getrunken.

Sie schaute auf die Uhr auf ihrem Handgelenk. Ich würde nicht weggehen, sagte sie.

Ich setzte mich so, dass ich die Tür hinter dem Polizisten und zugleich die Uhr in Joannes Rücken sehen konnte. Es war drei Uhr am Nachmittag. Die Straße und die einstöckige Häuserzeile gegenüber dem Krankenhaus lagen in einem grellen, blendenden Licht, kein Mensch war dort draußen unterwegs. Hier drinnen war es angenehm kühl. Der Polizist auf dem Barhocker packte ein Eis aus, das er sich offenbar hinten aus einem der Automaten geholt hatte. Er trug keine Waffe am Gürtel, was mich irgendwie beruhigte.

Ich spürte, wie mein Magen knurrte und wie sich gleichzeitig in mir etwas entspannte. Wir waren in einem Krankenhaus. Nun würde alles gut werden.

Niemand sprach. Die Leute saßen da und schauten an

dem Polizisten vorbei, der an seinem Eis leckte und wiederum an mir vorbei auf die Straße in meinem Rücken schaute und dabei nachdenklich lächelte. Die junge Frau mit der Strickjacke blickte zu Boden und rieb sich den Unterarm. Die Schwangere starrte ins Leere. Der Mann im braunen Anzug schaute auf den Aktenkoffer auf seinen Knien.

Woher ich käme, fragte mich eine Frau, die plötzlich neben mir saß oder da schon die ganze Zeit gesessen hatte.

Aus Deutschland, sagte ich.

Dann sei ich also als Tourist in New York, sagte sie. Und die Frau, mit der ich hergekommen sei, sei wahrscheinlich meine Mutter. Die Arme.

Sie stellte sich mir als Cornelia vor. Ihr Mann heiße, ich werde es nicht glauben, Cornelius. Das sei allerdings Zufall. Die Begegnung mit ihrem Mann vor fünfzig Jahren und dann die Geburt ihrer zwei Söhne, von denen einer heute leider nicht mehr lebe, hätten genauso gut nicht stattfinden können. Ob ich auch manchmal das Gefühl hätte, dass das Leben ein Wunder sei?

Bitte?, sagte ich.

So unwahrscheinlich erscheine ihr die Begegnung mit ihrem Mann damals andererseits auch wieder nicht, sagte sie. Gott habe ja ganz ohne Zweifel schon vor langem seinen Plan gemacht, und der wirke nun in der Welt und so auch in ihrem Mann und in ihr. Man müsse an diesen Plan nicht glauben, aber er sei dadurch nicht weniger real. Ihr Mann und sie seien beide hier, in derselben Nachbarschaft, aufgewachsen, und auch wenn ihre Familien sich nicht gekannt hätten, so hätten sie sich durchaus kennen können, denn hier kenne man seine Nachbarn gut und wisse bei jeder Familie, mit was für Leuten man es zu tun habe. Wenn man einen Laden oder einen Imbiss betrete, dann kenne man den Betreiber oder die Betreiberin meistens persönlich. Jedenfalls hätten sie sich damals, sagte sie und legte mir nun eine Hand auf den Unterarm, zog sie aber, als ich zusammenzuckte, sofort wieder weg, damals, als diese Nachbarschaft viel ärmer gewesen sei, kennengelernt. Und dieses Kennenlernen habe stattgefunden in einer Seitenstraße, vor einer Mülltonne, in die sie gerade eine leere Getränkedose habe werfen wollen, als Cornelius dort gerade einen schwarzen Müllsack entsorgt hatte, in eine weiße Kochschürze gekleidet und mit einem schwarzen Tuch um den Kopf, das während der Arbeit sein langes Haar bedeckte. Er sei nämlich als Jugendlicher Koch in Maurice' Hähnchengrill gewesen, zu dem auch die Tonne gehörte, Maurice' Hähnchengrill, vor dessen Hintertür sie beide an jenem Sonntagnachmittag im August vor fünfzig Jahren gestanden hatten.

Das Restaurant gibt es heute nicht mehr, sagte die Frau. Es hat sich in der Nostrand Avenue befunden, gegenüber der Beulah United Church of God, wo heute ein Blumenladen ist, kennen Sie den?

Leider nein, sagte ich und schaute auf die Uhr an der Wand, aber ich fühlte mich sofort schlecht deswegen.

Ein schöner Laden, sagte sie. Ich freue mich jedes Mal, wenn ich daran vorbeigehe.

Ich fragte sie, wo ihr Mann heute sei.

Ich warte gerade auf ihn, sagte sie. Er ist hingefallen, er kann sich manchmal nicht auf den Beinen halten.

Das tut mir leid, sagte ich. Ich hoffe, es ist nichts Schlimmes passiert.

Viele Läden von damals gebe es heute nicht mehr, sagte sie. Dafür gebe es eben andere Läden, das sei wohl der Gang der Dinge, die Welt verändere sich. Maurice habe sich die Miete für seinen Hähnchengrill nicht mehr leisten können, weil er zu wenig eingenommen habe. Den Leuten hätten seine Hähnchen vielleicht einfach nicht mehr geschmeckt. Außerdem habe er, das müsse man leider sagen, vor etwa zehn Jahren ziemlich erschöpft gewirkt. Er habe wohl keine Lust mehr gehabt, sein ganzes Leben lang Hähnchen zu grillen.

Bald war eine Stunde vergangen. Ich beobachtete die Tür im Rücken des Polizisten, aber sie öffnete sich nicht. Ich entschuldigte mich bei der alten Dame, nahm meine Stofftasche und ging nach draußen, durch eine Wand aus Hitze. Ich zwang mich, vor zur Straße zu gehen, überquerte die Ampel und trat in eines der Delis. Es gab, obwohl der Laden bis zur Decke vollgestopft war mit Dingen, nichts, was ich hätte essen wollen und von dem ich mir vorstellte, dass meine Mutter es würde essen wollen. In den Regalen standen ausschließlich Chips-Tüten und bunte Limonaden. In einer Kartonbox auf dem Boden lagen grüne Kochbananen, in der Kühltheke in Plastik eingeschweißte Hamburger und Pizzabaguettes und Lasagneportionen zum Selbstaufbacken. Ich ging in das Deli nebenan. Dort türmten sich in einer Ecke Klopapier-Sixpacks, in einem Regal gab es verschiedene Sorten Maisfinger, in einem anderen Waschmittel. Ich kaufte zwei Bananen, zwei Packungen Cashewnüsse und zwei Flaschen Wasser, dann trat ich wieder in die Hitze hinaus.

Die alte Frau neben mir, Cornelia, war mit dem Kinn auf der Brust eingenickt. Eine weitere Stunde war vergangen, niemand wurde aufgerufen, niemand kam aus der Tür hinter dem Polizisten. Zwischenzeitlich waren zwei Männer und eine Frau in Uniformen durch die Glastür getreten und scherzten mit dem Polizisten auf dem Barhocker herum. Die Leute blieben geduldig auf ihren Sitzen und schauten vor sich hin. Über die weiße Wand des Warteraums lief in Brusthöhe ein lachsfarbener Streifen. Die Theke der Rezeption war pastellgrün gestrichen. Die Farben drängten sich mir jetzt mehr und mehr auf, ich fragte mich, ob sie eine beruhigende Wirkung haben sollten.

Endlich öffnete sich die Tür, und meine Mutter kam heraus. Sie hatte eine Art Klebestreifen auf dem Nasenrücken, der aussah wie aus Plastik oder Gummi. Ihr Gesicht wirkte geschwollen, die Nase immer noch leicht verschoben, und die zwei Balken unter den Augen leuchteten im Sonnenlicht blauschwarz.

Ich wollte dir nur sagen, dass du nicht warten sollst, sagte sie. Du kannst in die Stadt fahren, wenn du willst. Ich sitze dort in einem Raum, und nichts passiert.

Hast du noch mit keinem Arzt gesprochen?, sagte ich.

Nein. Ich weiß überhaupt nicht, worauf ich warte, sagte meine Mutter. Niemand sagt mir irgendwas. Sie haben mir die Wunde zugeklebt mit einem Klebestift, aber seitdem ist nichts passiert.

Weil mir nichts anderes einfiel, reichte ich meiner Mutter eine der Wasserflaschen. Sie setzte sich kurz, trank einen einzelnen Schluck, gab mir die Flasche zurück. Sie atmete tief durch.

Ich gehe wieder zurück, sagte sie. Ich frage jetzt, was los ist, warum nichts passiert. Ich weiß überhaupt nicht, was los ist.

Sie stand auf und trat energisch an die Tür zurück, die der Polizist für sie entriegelte.

Eine halbe Stunde später, in der ich beide Bananen und ein paar Nüsse gegessen hatte, kam sie wieder heraus.

Ich habe ein bisschen Druck gemacht, sagte sie. Ich habe mich mit zwei Krankenschwestern gestritten, aber danach kam der Arzt sehr schnell.

Wir traten vor das Krankenhaus und in die Sonne hinaus. Die Hitze schien auf einmal abgeklungen zu sein, draußen war es erträglich, wie wenn eine Klammer um die Stadt entfernt worden wäre.

Auch meine Mutter wirkte plötzlich wie verwandelt. Sie hatte einen Zettel in der Hand und wedelte damit herum.

Alles nicht so schlimm, sagte sie. Die Nase ist möglicherweise gar nicht gebrochen, sagen sie, man kann es auf der Aufnahme nicht genau sehen. Ich soll morgen früh noch mal kommen, wenn das Krankenhaus normalen Betrieb hat. Ich musste auch überhaupt nichts zahlen. Das wird alles morgen geregelt.

Es war Abend geworden, um uns erhoben sich die Backsteinmauern des Krankenhauses und einer Schule. Die Sonne schien immer noch hell, auf einmal roch es nach Blumen. Auf der anderen Straßenseite gingen Leute auf dem Bürgersteig und lachten.

Wir könnten noch in die Stadt fahren, sagte meine Mutter.

Bist du nicht müde?, sagte ich.

Nein, überhaupt nicht, sagte sie.

Ich konnte in ihren Augen, als wir da in der Sonne

standen, eine unendliche Müdigkeit erkennen, die mir aber – jetzt, da ich ihr verschobenes Gesicht aus der Nähe betrachtete – nicht unvertraut war. Ich wusste auch auf einmal genau, wo wir uns befanden. Ich hatte eine genaue Vorstellung von unserer Position wie auch der Lage der Wohnung und führte uns auf direktem Weg zurück: einmal nach rechts, dann zwei Blöcke weiter nach links und bis vor unser Haus.

Jetzt fängt der Urlaub an, sagte meine Mutter.

Ich dachte dasselbe.

Wir könnten zu den Brooklyn Heights fahren, sagte ich. Von dort hat man einen schönen Blick auf Manhattan. Wir könnten uns dort auf eine Bank setzen und uns ausruhen.

Ich fühle mich absolut ausgeruht, sagte meine Mutter. Ich will sehr gern irgendwohin fahren.

Es war ein merkwürdiger Zustand, in dem ich mich auf einmal befand. Ich war voller Energie, die Sorge der letzten Stunden war wie verflogen, ich fühlte mich ganz frisch und neu, alles war seltsam real. Wir waren in New York City.

Vom Gleis stieg, als ich mich in der Subway Station an die Kante stellte, ein scharfer Geruch zu mir hoch. Er kam mir sofort vertraut vor. Die Luft hier unten stand still, es roch nach Malz, nach Staub und Rattenkot, nach trockener Feuchtigkeit, wenn es das gibt. Ich meinte, in dem Geruch des Tunnelsystems noch die Boomphase der Stadt riechen zu können, die Zeit der Millionäre, die im vergangenen Jahrhundert ihre Wolkenkratzer um die Wette in den Himmel wachsen ließen, die Zeit der ersten sozialistischen Gewerkschaften, der Gangs und Banden, des verbotenen Alkohols, eine Zeit, die hier unter der Erde, in diesem abgeschlossenen, versiegelten Raum für immer fortdauerte.

Eine halbe Stunde später standen wir auf der Promenade über dem East River, die noblen Brownstones im Rücken, durch deren Fenster man in Wohnzimmer mit hohen Bücherregalen und geschickt ausgeleuchteten Skulpturen in den Ecken, mit geschmackvoll gerahmten Gemälden und Fotografien an den weißen Wänden schauen konnte. Tief unter uns lag der neue Park, der bis vor zu den Piers reichte. Ich sah Leute Basketball und Fußball spielen. Auf dem Fluss fuhren die Fähren unendlich langsam in die Bucht hinaus oder in den East River hinein. Direkt auf der anderen Seite erhob sich eine Wand aus Wolkenkratzern: der Financial District. Hunderttausende von Fenstern, in verschiedenen Tiefen des Raums, sich gegeneinander abgrenzende Beton- und Glaswände, die sich jeweils in den Vordergrund zu drängen versuchten. Winzig wirkte in der sich vor der Spitze Manhattans öffnenden Bucht die grüne Figur der Freiheitsstatue.

Meine Mutter lehnte sich ans Geländer, ihr Haar stellte sich auf im leichten Wind, sie schaute auf Manhattan, dort auf der anderen Seite, und schüttelte den Kopf. Sie trug eine Sonnenbrille, die ihr Gesicht halb verdeckte. Die zwei schwarzen Balken verschwanden dahinter, wenn man nicht genau hinschaute. Auf ihrem Gesicht lag die Abendsonne, und es schien, als leuchtete sie selbst, wie eine junge Frau.

Jetzt sind wir endlich hier, sagte sie und atmete aus.

Etwas am Klang ihrer Stimme und an der Art, wie sie

sich immer wieder umdrehte und über den Fluss schaute, erhob mich und erfüllte mich mit einer noch größeren Aufregung als der Anblick des Panoramas dort drüben. Die jugendliche Begeisterung meiner Mutter berührte und beruhigte mich und weckte in mir einen Enthusiasmus, der mich überraschte und mich auf eine ungekannte Weise mit ihr verband, in diesem ganz neuen, nie dagewesenen Moment, in einem nie dagewesenen *Weltjetzt*.

Als wir später mit der Subway zurückfuhren, hielt meine Mutter die Augen geschlossen. Ich konnte uns beide nebeneinander in der gegenüberliegenden Fensterscheibe sitzen sehen. Es war ein merkwürdig fremder Anblick, ich musste den Arm heben, um sicherzugehen, dass die zwei Personen in dem zweiten Wagen dort in der Schwärze wir waren.

Manchmal versuchte ich, mir meine Mutter als junge Frau vorzustellen, und jedes Mal stieß ich in meinem Gedächtnis gegen eine Wand. Ich versuchte, mich zu erinnern, wie sie in meiner Kindheit zu mir gewesen war. War sie zärtlich und liebevoll, war sie umsorgend gewesen? Ich konnte mich an keine Momente der Nähe zwischen uns erinnern, obwohl es viele davon gegeben haben musste.

Es existiert ein Foto von uns zweien, das mich als Kleinkind von etwa drei Jahren im Arm meiner Mutter zeigt. Sie sitzt, die Beine angewinkelt, auf der Kuppe des kleinen Hügels in unserer Siedlung im Gras, auf dem wir Siedlungskinder im Winter Schlitten fuhren, auch wenn er kaum höher als eine Bodenwelle war. Auf dem Foto ist es Sommer, die Aufnahme ist farbig, aber irgendwie verwaschen, im Hintergrund sieht man die Fenster des Blocks Nummer 8, in dem damals mein Onkel, der Bruder meiner Mutter, mit seiner Frau wohnte. Meine Mutter trägt ein rotes T-Shirt und hat kurzes schwarzes Haar. Im Hintergrund parkende Autos, allesamt eckig, die kantigen Modelle aus dieser Zeit.

Meine Mutter sieht auf dem Foto aus wie ich als Sechzehnjähriger. Ihr Gesicht ist mein jugendliches Gesicht.

Meine Mutter hält das Kleinkind – mich – im Arm, am Fuß des Hügels steht ein Kinderwagen, in dem mein Bruder, der Säugling, liegen muss. Sie lächelt auf eine sehr privat wirkende Weise in die Kamera, als hätte die sie fotografierende Person, vermutlich mein fünfundzwanzigjähriger Vater, etwas Witziges gesagt, und sie wird gleich darüber lachen, mitten aus dem Moment heraus, in dem wir uns als Familie befinden.

Hinter meiner Mutter steht ein niedriges Bäumchen, durch einen Holzrahmen geschützt, der Platz zwischen den Wohnblöcken ist betoniert, die Fassaden mit den Balkonen leuchten weiß. Die Siedlung ist gerade fertiggestellt worden, es sind die 80er-Jahre des letzten Jahrhunderts, es gibt noch kein Internet, noch existieren die zwei Systeme des Ostens und des Westens nebeneinander.

Meine Mutter hält mich im Arm, und doch kann ich unmöglich glauben, dass das Kind in ihren Armen ich selbst bin. Es könnte ein beliebiges Kind sein, das meine Mutter da an sich drückt. Sind das wirklich wir beide?

In der ersten Nacht nach unserer Ankunft träumte ich, dass meine Mutter direkt neben mir steht und stolpert und fällt und mit dem Gesicht auf den schweren, gedrungenen Steintisch schlägt. Der Traum kehrte in dieser Nacht immer wieder. Im Traum glänzte der Tisch dunkelschwarz, es war ein Opfertisch für den babylonischen Gott Marduk oder einen Voodoo-Kult, und meine Mutter schlägt mit dem Gesicht dagegen, ohne dass irgendetwas ihren Fall abbremst.

Ich erwachte in der Dunkelheit eines fremden Zimmers, von draußen drang das gelbe Licht einer Straßenlaterne herein, dann dämmerte ich wieder weg und fand mich in derselben Situation wieder, kurz bevor meine Mutter stolpert. Kein einziges Mal konnte ich ihren Sturz verhindern, sie fiel wieder und schlug mit dem Gesicht ungebremst gegen die Kante des schweren, dunkel glänzenden Tischs.

Am nächsten Morgen wurde ich davon wach, dass meine Mutter schon in der Küche hantierte. Als wir Kaffee tranken, sagte sie, sie habe in der Nacht Probleme mit dem Einatmen durch die Nase gehabt und kurz gedacht, sie wolle die Reise abbrechen und sofort nach Hause zurück. Aber jetzt gehe es schon viel besser.

Mir fiel, während wir in die Hauptstraße unseres Viertels in Richtung Krankenhaus einbogen, auf, dass die Abgase an diesem Morgen ganz anders rochen, als ich es von anderen Orten oder von zu Hause kannte. Irgendwie entfalteter, als könnten in ihnen mehr Aspekte des Benzingeruchs aufblühen, hintersinnigere, die von einer fernen Vergangenheit oder Zukunft erzählten. Der Geruch mischte sich mit dem des Obsts in den Auslagen oder im Schatten der Markisen oder mit dem der Speisereste, die gerade aus dem Rinnstein vor einem Laden gespült worden waren.

Um Punkt acht Uhr meldeten wir uns im Hauptgebäude des Kings County Hospital Center an einem Schalter. An den Wänden vor dem Eingang zur HNO-Abteilung im Parterre, zu der auch eine Zahnklinik gehörte, saßen bereits rund fünfzig Leute auf Stühlen, die denen der Notaufnahme glichen. Die Frau am Schalter deutete, obwohl wir ihr sagten, dass wir einen Termin hätten und ihr unseren Zettel vorlegten, auf eine Plastikbox an einer Metallstange, aus der wir eine Nummer ziehen sollten.

Wir saßen etwa zwei Stunden lang im Wartebereich zwischen den Leuten. Ich erkannte den Mann im braunen Anzug mit dem Aktenkoffer auf den Knien. Auch die junge Frau mit der langen Strickjacke war da, sie schlurfte den Gang hinauf und hinunter, mit leerem Blick und wie in Zeitlupe einen Fuß vor den anderen setzend. Mir fiel auf, dass die nackten Fersen in ihren Schlappen schwarz verfärbt waren wie von Wundbrand und offene Stellen aufwiesen.

Als wir endlich an der Reihe waren, sagte man uns, dass wir aufgrund unserer Versicherungssituation zunächst den

Financial Counsellor konsultieren müssten, also gingen wir in einen mit Stellwänden von der Hauptwartehalle abgegrenzten Raum, vor dem sich wiederum eine Warteschlange gebildet hatte. Nachdem unsere neue Nummer, die wir aus einer neuen Plastikbox gezogen hatten, aufgerufen wurde, befragte uns ein Mann in meinem Alter in einem winzigen Kabuff. Er versicherte uns, dass es kein Problem sei, das Krankenhaus werde alles irgendwie hinkriegen, aber wir müssten unsere Adresse angeben, damit man uns am Ende eine Rechnung schicken könne – er verbuche uns als Patienten oder Patientinnen ohne Versicherung, sodass wir nur eine kleine Bearbeitungsgebühr würden zahlen müssen. Sobald wir mit dem Arzt gesprochen hatten, sollten wir noch einmal bei ihm vorbeikommen. Das Rezept, das meine Mutter am Vorabend in der Notaufnahme bekommen habe, sagte er, könnten wir danach direkt in der hausinternen Apotheke einlösen.

Ich hatte ein schlechtes Gewissen bei der Vorstellung, dass meine Mutter hier kostenfrei behandelt wurde. Auch meine Mutter wollte nicht mehr in die HNO-Abteilung zurück. Sie behauptete, sie müsse den Arzt ohnehin nicht mehr konsultieren, da sie inzwischen fast sicher wisse, dass ihre Nase nicht gebrochen sei. Sie könne schon viel besser atmen als noch in der Nacht.

Wir setzten uns also direkt in die Apotheke im Parterre und warteten, nachdem wir noch einmal eine Nummer gezogen hatten, eine weitere Stunde und reichten endlich unser Rezept für ein Antibiotikum und für Ibuprofen ein. Das Einzige, was ich wirklich brauche, ist ein Antibiotikum, damit sich in der Nase nichts entzündet, sagte meine Mutter. Den Rest mache ich dann in Deutschland.

Wir warteten eine weitere Stunde in der Apotheke darauf, dass unsere Medikamente zusammengestellt wurden. Wieder saßen wir in Plastikkuhlen, zusammen mit etwa fünfzig anderen Leuten, direkt unter einem Fernsehbildschirm. Auf den Bildschirmen liefen ohne Pause Werbeclips von Anwaltskanzleien. Frauen und Männer in Anzügen schlugen enthusiastisch vor, dass wir die Klinik oder den Arzt oder die Ärztin, den Hersteller oder den Händler von medizinischen Geräten oder Medikamenten verklagen sollten, weil man nicht alles mit sich machen lassen dürfe, Rechte habe, Anspruch auf eine gute Behandlung.

Als wir die Klinik endlich verließen und in der zerschmetternden Mittagshitze auf der Straße standen, niedergedrückt vom Gewicht der Luft, wirkte meine Mutter erleichtert.

Ich habe mir einmal als Kind, sagte sie, die Nase gebrochen. Das ist der Grund, warum ich bei jeder Kleinigkeit sofort Schnupfen habe. Ich glaube, dass der Riss auf den Röntgenaufnahmen gestern von diesem alten Bruch stammt. Ich glaube, meine Nase ist gar nicht gebrochen.

Nach unserer Rückkehr in die Wohnung fragte ich meine Mutter, ob sie sicher sei, dass sie nicht wenigstens einen Tag Ruhe brauche. Ich schlug vor, in der Wohnung zu bleiben, sie solle ein wenig schlafen, während ich einkaufen ginge und uns etwas zu essen vorbereitete. Meine Mutter lehnte ab.

Ich will dir nicht den Urlaub verderben, sagte sie wieder.

Du verdirbst mir nicht den Urlaub, sagte ich.

Als wir aus dem Haus und durch das Gartentürchen in die drückende Hitze traten, setzte meine Mutter nur vorsichtig die Sonnenbrille auf den Verband auf ihrer Nase, blickte kurz in den Himmel, hakte die Daumen in die Riemen ihres kleinen schwarzen Rucksacks und ging los.

Was machst du?, fragte ich sie, als wir kurz darauf im Subway-Schacht vor dem Ticketautomaten standen.

Nichts, sagte meine Mutter.

Sie stand über den Bildschirm des Automaten gebeugt, ich konnte sehen, wie sie sich durchs Menü klickte.

Ich habe die Tickets schon gekauft, sagte ich.

Ich schaue nur, ob du die richtigen gekauft hast, sagte meine Mutter.

Ich habe die richtigen gekauft, sagte ich.

Und das will ich nur selber nachvollziehen, sagte meine Mutter. Wohin müssen wir genau? Wie heißt die Station?

42nd Street/Times Square, sagte ich.

Ich sehe hier den Plan, sagte meine Mutter. Ich will nur wissen, wo wir sind und wohin wir fahren.

Ich kann es dir zeigen, wenn wir dort sind, sagte ich. Lass uns erst mal einsteigen.

Ich will nicht irgendwohin fahren, ohne zu wissen, wohin, sagte meine Mutter. Für alle Fälle.

Für welche Fälle denn?, sagte ich.

Für alle, sagte sie.

Sie drehte sich wieder zu dem Automaten um. Wir sind in der Sterling Street, hast du gesagt?, sagte sie und legte einen Finger auf den Plan.

Als wir endlich in der Subway saßen, berührte meine

Mutter meinen Unterarm und deutete mit einer Kopfbewegung auf eine schwarze Frau uns gegenüber. Sie war dick und trug kurzes blond gefärbtes Haar, das zu kleinen Büscheln frisiert war. Auf einen ihrer orange lackierten Nägel war eine Art silberner Sterneregen gemalt, einen anderen zierte eine miniaturartige Skyline mit Brücke.

Auf dem Weg zur Subway-Station hatte ich mehrere schlauchförmige Maniküre- und Frisörläden gesehen, und Dutzende Frauen darin, die sich Zöpfe flechten oder die Fingernägel lackieren ließen.

Ich finde, sagte meine Mutter zu mir, dass die Frauen hier sehr schön sind. Sie pflegen sich und achten auf ihr Äußeres, selbst wenn sie dick sind und oberflächlich gesehen nicht wirklich gut aussehen. Das zeugt, sagte sie, von einem großen Selbstbewusstsein. Ich konnte, während meine Mutter so sprach, im gegenüberliegenden Fenster ihr Gesicht sehen, das in den Verband und die Sonnenbrille verpackt war. Ihr Ausdruck war ernst. Sie schaute die uns gegenübersitzende Frau nachdenklich an.

Mit der Zeit stellte ich fest, dass uns einige Leute in der U-Bahn verstohlen beobachteten.

Was ist mit Ihrem Gesicht passiert?, fragte eine Frau zwei Haltestellen weiter meine Mutter.

Meine Mutter erklärte, dass sie gestolpert und gegen eine Tischkante gestürzt war.

Oh girl, sagte die Frau. I'm so sorry!

Mir fiel, während meine Mutter der Frau erklärte, woher wir kamen und was wir hier machten, auf, dass sie schon viel besser Englisch sprach als noch am Vortag. Am Vortag hatte sie immer wieder deutsche und englische Wörter verwechselt. Anstatt *son* hatte sie *Sohn* gesagt, aus *your husband* war *your man* geworden, was mich plötzlich, als ich neben ihr in der Subway saß, berührte.

Schon seit vielen Jahren besuchte meine Mutter einen Konversationskurs an der Volkshochschule, einige der Teilnehmenden gehörten heute zu ihren besten Freunden und Freundinnen, mit denen sie in Konzerte ging oder ins Café oder die sie zu sich zum Abendessen einlud. Manchmal erzählte sie mir am Telefon, dass sie einen englischsprachigen Artikel zu irgendeinem aktuellen politischen oder kulturellen Thema gelesen habe, um darüber zu referieren. Danach werde über das Thema diskutiert, und es mache sie immer stolz, wenn sie es schaffe, sich zu überwinden und so viel wie möglich zu sagen. In ihrer Jugend habe sie ziemlich gut Englisch gesprochen, aber seitdem sie Deutsch habe lernen müssen, vermische sie ständig das Englische mit dem Deutschen. Ständig fielen ihr nur deutsche Wörter ein, ohne dass sie es merke. Ich merke es erst, sagte meine Mutter, wenn ich das Wort ausgesprochen habe.

Es war ein seltsames Gefühl, meine Mutter nun in der Subway von New York City Englisch sprechen zu hören. Es traf mich irgendwie merkwürdig, verletzte mich.

Als wir an der Station 42nd Street/Times Square aufstanden und ausstiegen – auf den Platz neben uns hatten sich inzwischen drei Jungs in olivgrünen Expeditionshosen gesetzt, die Tschechisch miteinander sprachen –, wurden wir auf dem Bahnsteig von der Menge erfasst und auf eine enge

Stahltreppe geschoben. Wir stiegen zu Zwischenetagen mit Geschäften hinauf und traten durch die warme Luft, die aus den Bodengittern wehte, an einem Souvenirstand vorbei auf die Straße. Über uns baute sich der Times Square mit seinen Hochhäusern und an den Hausfassaden in allen Farben blinkenden Werbebildschirmen auf.

Wow, sagte meine Mutter.

Auch für mich war der Anblick der sich über uns auftürmenden Gesteinsmassen und Lichteffekte atemberaubend. Und doch war es diesmal anders, hier in Manhattan zu stehen, auf dieser Insel, die ein Holländer einst den Algonkin für gerade mal 60 Gulden abgekauft haben soll – es war, als sähe ich alles mit neuen Augen. Ich sah ein Imperium, das mit dem Himmel in Verbindung stand; für mich als Europäer galt das noch immer, wie ich jetzt plötzlich, meine Mutter neben mir, feststellte.

Westwärts, dachte ich, westwärts!

Meine Mutter drehte sich, den Kopf im Nacken, langsam um die eigene Achse. Über uns türmte sich Beton auf, hinter einem niedrigen Gebäude erhob sich ein nächstes, in einer Lücke, drei Ebenen tiefer im Raum, stapelten sich die Stockwerke noch weiter auf. Von einem Bildschirm blickte Kevin Costner in Cowboyhut auf uns herunter, sein Gesicht so groß wie ein Einfamilienhaus. Meine Mutter, dort auf dem Gehsteig, reckte den Kopf. Hunderte Menschen gingen an uns vorbei, Autos hupten, ein Polizist blies in eine Trillerpfeife.

Ich las, während wir uns neben einen Starbucks stellten, wo es kostenloses WLAN gab und meine Mutter die Kreuzung beobachtete, dass der Times Square ursprünglich Longacre Square geheißen und Werkstätten von Kutschenbauern sowie Pferdestallungen beherbergt hatte. Erst 1904 war der Platz umbenannt worden, nach dem neu entstandenen Hochhaus der New York Times. Ein gewisser *The Freaki* gab dem Times Square bei Google fünf Sterne: *Ein wunderschöner Ort, muss man gesehen haben. E. S.* gab nur drei Sterne und schrieb: *An sich ein guter Ort, aber viel zu viele Touristen.* Insgesamt gab es 106 325 Rezensionen.

Wir gingen eine endlose Ladenzeile entlang zum Bryant Park und suchten uns einen Metalltisch im Schatten, direkt vor der großen Wiese mit Blick auf die Public Library mit den Steinlöwen auf den Treppensockeln.

Meine Mutter kaufte uns Kaffee mit Eiswürfeln und zwei Muffins in einem der Kioske. Alle Leute, an denen sie vorbeiging, schauten sich im ersten Moment erschrocken und im nächsten besorgt nach ihr um. Ich schickte ein paar Fotos an Laura, meine Mutter schickte welche an meinen Bruder. Dann ging ich rüber zu einem zweistöckigen Geschäft mit verschiedenen Essensständen, um uns Salat von einem Buffet zu holen.

Vor den Toilettenhäuschen nahe der Bibliothek war ein Mann damit beschäftigt, das Männerklo mit Eimer und Wischmopp zu putzen, er pfiff dabei vor sich hin. Welcome, welcome, sagte er, als ich eintrat. Er war klein und sah lateinamerikanisch aus.

Auf einem Tischchen neben den Pissoirs stand ein Strauß süßlich duftender Blumen mit riesigen Blüten, an dem ich mich vorbeiducken musste.

Thank you, thank you, sagte der Mann, als ich aus dem Klohäuschen trat, aber es gab nirgends einen Teller, auf den man hätte Geld legen können.

Nachdem wir unseren Lunch gegessen hatten, wollte ich kurz allein um den Park spazieren. Direkt vor der großen Treppe zur Bibliothek stand ich plötzlich im Schatten der Bäume vor einer Bronzestatue auf einem Marmorblock. Sie stellte eine dicke Frau in einem Kleid mit Kragen dar, die wie ein kleiner Buddha im Schneidersitz auf dem Podest saß. Hinter ihr erhob sich dunkel das mit goldenen Ornamenten verzierte American Standard Building mit dem Bryant Park Hotel. Die Bronzefrau trug ihr Haar zu einem Dutt hochgesteckt, die Hände im Schoß, blickte sie versonnen auf den Boden, über den ein paar gurrende Tauben stolzierten. Der Inschrift im Steinblock entnahm ich, dass die Figur Gertrude Stein darstellte. Ich sah die Statue hier zum ersten Mal, dabei hatte ich immer wieder erzählt, dass der Bryant Park mein Lieblingsort in Manhattan war.

Zurück an unserem Platz – meine Mutter war einen Tisch weitergerückt, weil die Sonne sich bewegt hatte –, wählte ich mich ins WLAN der Public Library ein und googelte, seit wann die Statue hier stand. Ich fand heraus, dass ein Dr. Maury Leibovitz, Psychologe und Kunsthändler, sie 1992 der Stadt geschenkt hatte. Vieles über die Clique der Künstler der Pariser Bohème wusste ich aus Steins literarischen Porträts. Aber während ich von Hemingway oder Fitzgerald so gut wie alle Romane und Erzählungen gelesen hatte, kannte ich von Gertrude Steins erzählenden Texten keinen einzigen, wofür ich mich plötzlich etwas schämte.

Über zwei Stunden hatten wir am Ende auf den Metallstühlen im Park gesessen. Meine Mutter versuchte via Internet herauszufinden, ob und wo sie ihre Auslandskrankenversicherung abgeschlossen hatte. Komisch, sagte sie, ich war mir sicher, dass ich eine habe.

Ich betrachtete ein eingerüstetes Gebäude in der Reihe hinter den direkt an den Park angrenzenden Häusern. In dem Gerüst bewegten sich gelbe Punkte. Es waren Leute mit Helmen, die dort oben herumkletterten, als wäre es unmöglich, aus einer solchen Höhe hinunterzufallen. Als wir durch die Gebläse vor den Geschäften am Bryant Park zurück zur U-Bahn gingen, mit dieser zweiten Welt, einer Sonnenstadt, hoch über unseren Köpfen, war ich, wie immer, wenn ich in New York war, vollkommen sicher, dass dort oben der Metaphysikus und seine drei Würdenträger Macht, Weisheit und Liebe wohnten. Ich fragte mich, was sie dort oben gerade machten.

Am nächsten Morgen wachte ich wieder in der Dämmerung auf, der Ventilator rauschte und blies mir Luft übers Bein. Ich hatte wegen meines Rückens auf dem Teppich geschlafen.

Du solltest wieder mehr Sport machen, sagte meine Mutter, die plötzlich in der Schlafzimmertür stand. Du musst dich bewegen. Du sitzt zu viel. Du sitzt doch bestimmt zehn Stunden am Tag.

Bestimmt nicht zehn Stunden, sagte ich und stand auf und ging ins Badezimmer.

Als ich aus dem Bad kam, schob meine Mutter gerade meinen Koffer gegen die Wand. Die Decken und die Laken, in denen ich geschlafen hatte, lagen zusammengelegt an einem Ende des Sofas.

Das hätte ich doch selber gemacht, sagte ich.

Am besten, wir kaufen heute für ein paar Tage ein, sagte meine Mutter beim Frühstück. Fürs Frühstück können wir Brot, Käse und Marmelade kaufen, genauso für das Abendessen. Und für den Tag können wir Sandwiches mitnehmen. Man kann ein Salatblatt reinlegen, dann bleiben sie den ganzen Tag frisch.

Wir können uns doch jederzeit in der Stadt etwas kaufen, sagte ich.

Ab und zu können wir unterwegs ein Stück Pizza essen, sagte meine Mutter. Aber man braucht trotzdem was zum Mitnehmen, man kann ja nicht für jede Mahlzeit Geld ausgeben. Wir sind zwei Wochen unterwegs.

So viel gibt man dabei nicht aus, sagte ich. Und zu Hause müssten wir auch essen.

Wir können auch was kochen, sagte meine Mutter. Hier in der Küche ist alles, was wir brauchen.

Dann müssen wir auch Öl und Salz und Pfeffer kaufen, sagte ich. Im Prinzip müssten wir einen vollständigen Einkauf machen, um dann nur zwei oder drei Mal zu kochen.

Aber irgendwann braucht man auch etwas Frisches und Gesundes, sagte meine Mutter.

Wir können Obst kaufen, sagte ich. Ich esse zum Frühstück sowieso lieber Müsli mit Obst.

Wie du meinst, sagte meine Mutter.

Während wir uns fertig machten, stellte sie sich im Bad vor den Spiegel. Sie stand da und berührte mit den Fingerspitzen beider Hände ihre Wangen, drehte ihr Gesicht hin und her. Ich habe den Eindruck, sagte sie, dass es schon etwas besser aussieht, aber vielleicht bilde ich mir das nur ein.

Während sie im Wohnzimmer herumging und ihre Sachen zusammenpackte, bekam ich, wenn sie sich runterbeugte oder in die Knie ging, mit, wie schwer sie beim Sich-wieder-Aufrichten atmete. Sie holte aus ihrem Koffer ihr Sonnenvisier mit dem durchsichtigen grünen Plastikschirm, das sie sich extra für unsere Reise gekauft hatte, rollte es ein und steckte es in ihren Rucksack.

Während wir in der Subway Richtung Stadt saßen, setzte in unserem Wagen nach einer Weile jener Prozess ein, den ich kurz vor Manhattan schon oft beobachtet hatte. Im vollen Zug, den wir in Crown Heights bestiegen hatten, waren meine Mutter und ich die einzigen Weißen gewesen. Das änderte sich auf geheimnisvolle Weise, sobald der Zug am Barclays Center vorbei und kurz davor war, unter den East River zu fahren. Die Schwarzen um uns, die Anzug und Krawatte trugen oder Kleid und Halstuch, Handtaschen und phantasievoll lackierte Fingernägel, die Musik hörten, Kaffee aus Bechern tranken, wurden weniger. Im Wagen saßen plötzlich auch Weiße in Anzug und Krawatte, mit Handtasche und lackierten Fingernägeln. Der Wechsel fand unmerklich statt, ich realisierte ihn auch diesmal erst, als er schon vollzogen war. Er war kein plötzliches Ereignis, er verteilte sich auf sechs oder sieben Stationen, vielleicht sogar auf zehn oder elf. Eine Art Fließgleichgewicht: Niemals wurden die Leute mehr oder weniger, nur die Hautfarben wechselten nach und nach. Ich fragte mich, ob meine Mutter es auch bemerkt hatte.

Sie zog mit ihrem Gesicht wieder einige Aufmerksamkeit auf sich, was sie aber nicht zu stören schien. You are beautiful, hatte eine Frau irgendwo unter dem Financial District zu ihr gesagt, nachdem meine Mutter ihr erzählt hatte, was passiert war. Dann erklärte sie uns, dass es in der Schule, in deren Sekretariat sie arbeitete, der Booker T. Washington

Middle School in Upper Manhattan, keine Klimaanlage gebe. Der Ventilator auf ihrem Schreibtisch verschiebe die heiße Luft nur von einer Zimmerecke in die andere. Deshalb habe sie vor kurzem einen zweiten Ventilator gekauft.

Diese zwei Ventilatoren verschieben jetzt noch mehr heiße Luft, die Luft des ganzen Zimmers wird ständig umgewälzt, bleibt aber immer dieselbe heiße, stickige Luft, sagte sie und lachte.

Mir gefiel, wie sie sprach. Ich mochte die Melodie und die Betonungen, die für mich so klangen, als käme sie aus einer ganz eigenen Region der USA, aus einem fiktionalen Land innerhalb des Landes, was ja ein Stück weit auch so war.

Unser Nachbar Dale hatte uns, bevor wir in die Stadt aufgebrochen waren, zum Abendessen eingeladen. Am späten Nachmittag – nach unserer Rückkehr aus der Stadt und nach einem kurzen Mittagsschlaf – gingen wir rüber. Dale öffnete uns die Tür, und wir standen direkt im Wohnzimmer. Durch die drei im Halbrund angeordneten Erkerfenster konnte man vom Wohnzimmer aus auf die Straße schauen. In der Mitte des Raums stand ein Bett, in dem Dales und Candys Mutter Mariella offenbar gerade schlief. Die übrigen Möbel schienen auf dieses Bett hin ausgerichtet zu sein: Ein braunes Ledersofa, bedeckt mit einem dunkelblauen Tuch, war an eine Wand gerückt worden. Ein Ohrensessel stand im rechten Winkel direkt davor, sodass eine Hälfte des Sofas nicht zugänglich war. Auf dem Sessel war weiße Bettwäsche aufgestapelt. Womöglich, dachte ich, war das Dales Schlafplatz. Am Fußende des Sofas befand sich ein Kamin mit einem gusseisernen Schutzgitter. Neben dem Kamin stand eine hohe Keramikvase, in der zwei Regenschirme steckten.

Die ganze Wohnzimmereinrichtung schien aus einer anderen Zeit zu stammen. An der Wand gegenüber dem Kamin stand eine Pendeluhr aus dunklem Holz. Daneben erhob sich ein Turm aus blauen Plastikkisten mit weißem Deckel. Am Fußende von Mariellas Bett standen zwei weitere Lederohrensessel, mit je einer Strickdecke bedeckt und mit den Sitzflächen zueinander gedreht; Bücher lagen auf der verdoppelten Sitzfläche in mehreren Stapeln, größtenteils, wie es schien, Bildbände. Zuoberst lag ein Magazin, auf dessen Umschlag die Aufnahme eines von Bergen eingerahmten Fjords zu sehen war, in dem ein winziges, wie ein Spielzeug aussehendes Kreuzfahrtschiff quer stand, als habe es sich dort verkeilt.

Meine Mutter bedankte sich noch einmal bei Dale für seine Hilfe, aber er bekräftigte nur, wie froh er sei, dass er gerade bei seiner Mutter zu Besuch sei. Dann bat er uns zum Tisch im hinteren Bereich des Raums, wo Felice, die Pflegerin und Haushaltshilfe von Dales Mutter, schon Platz genommen hatte. Die Stimme, die ich an unserem Ankunftstag durch die offene Tür gehört hatte, war ihre gewesen. Felice war klein und sah muskulös aus, alles an ihr wirkte kräftig, gespannt und beweglich, irgendwie einsatzbereit.

Sie fragte uns, woher genau wir kämen und was wir beruflich machten. Meine Mutter erzählte ihr, dass sie seit einem Jahr in Rente sei und zuletzt als Physiotherapeutin gearbeitet, vorher aber alle möglichen anderen Berufe ausgeübt habe. Ursprünglich war sie Lehrerin gewesen und hatte diesen Beruf geliebt. Leider habe ich ihn in Deutschland dann nicht mehr ausüben können, sagte sie. Aber auch als Physiotherapeutin habe ich sehr gern gearbeitet. Ich arbeite immer noch stundenweise.

Felice war an der Arbeit meiner Mutter interessiert und fragte sie nach verschiedenen Therapien für ältere Patienten und Patientinnen.

Und wo wollt ihr nach eurer New-York-Woche hin?, fragte Dale.

Wir wissen es noch nicht genau, sagte meine Mutter und schaute mich an.

Ich würde gern nach Norden fahren, sagte ich.

Das klingt gut, sagte Dale. Ich habe eine Cousine, die in Maine wohnt, in Camden, sagte er. Ich werde euch ihre Adresse geben. Sie hat eine hübsche kleine Wohnung, die sie vermietet.

Dale stand auf und ging zum Bett rüber. Er legte seiner Mutter eine Hand auf die Stirn und strich ihr übers Haar. Geht es dir gut?, fragte er laut. Wir haben Besuch.

Wer ist es?, fragte die Mutter in dem flötenden Tonfall, den ich schon an unserem Ankunftstag gehört hatte.

Unsere Gäste, sagte Dale.

Oh, die Gäste, sagte seine Mutter. Hast du ihnen etwas angeboten? Wie geht es der armen Frau? Wo ist Felice?

Ich bin hier, Mariella, sagte Felice.

Das Gesicht sieht schon viel besser aus, sagte Dale.

Gott sei Dank, sagte seine Mutter. Es trifft sich gut, dass

du Arzt bist. Ruf trotzdem besser Candy an – falls die Gäste uns verklagen wollen. Aber sie soll gefälligst uns vertreten, nicht sie.

Ich sagte Hallo zu der Mutter und dass ich mich freute, sie kennenzulernen.

Das Englisch der alten Frau hatte eine ungewöhnliche Klangfärbung, anders als das von Dale. Er sprach ein fließendes, eigentlich weißes Englisch, wenn man das so sagen konnte. Seine Mutter sprach anders, aber auch nicht afroamerikanischen Slang oder das, was ich dafür hielt. Jedes Wort, das sie sagte, so schien es, stand für sich allein. Die Wörter gingen nicht ineinander über – aber auf einer anderen, nicht klanglichen Ebene gingen sie doch ineinander über, nämlich in ihrer Bedeutung, wenn das möglich war –, etwas in den Assoziationen, die sie in mir hervorriefen, bildete eine Einheit.

Als unsere Eltern in den 1960er-Jahren von der Insel herzogen, war das hier eine sehr arme Gegend, erzählte Dale, nachdem wir einen Gemüseauflauf gegessen hatten. Viele Leute hier waren drogenabhängig und arbeitslos, es gab Überfälle auf offener Straße. In den Schulen standen teilweise keine Tische. Es fehlte Lehrpersonal. Ich bin bis heute dankbar, dass es unseren Eltern gelungen ist, Candy und mich später zur Uni zu schicken. Sie haben viel gearbeitet, besonders meine Mutter. Sie ist heute krank, und ihre Leiden kommen zum Teil von der Arbeit in der Bleicherei, die ihre Lunge angegriffen hat. Aber sie ist noch stark, oder, Felice? Sie hält sich gut, sie ist eine kluge und starke Frau. Sie war immer stark.

Oh ja, sagte Felice. Sie ist stark. Stärker als wir alle. Und klüger als wir alle ist sie auch.

Meine beiden Eltern haben es sogar irgendwie hingekriegt, Geld an unsere Verwandten auf Barbados zu schicken, sagte Dale. Und sie waren angesehen, hier in der Gemeinde.

Eure Eltern haben der Gemeinde oft etwas gespendet, sagte Felice.

Meine Mutter sagte, dass sie davon sehr beeindruckt sei.

Es ist wirklich beeindruckend, sagte Felice.

Meine Eltern haben mich gezwungen selbstständig zu sein, und dafür danke ich ihnen heute, sagte Dale. Ich habe als Junge Zeitungen ausgetragen und in einer Restaurantküche geputzt. Später habe ich im Supermarkt gearbeitet. So habe ich mein Studium finanziert. Candy hat es genauso gemacht, immer ein Jahr später als ich – zuerst übernahm sie mein Zeitungsrevier, danach meinen Küchenjob, später meine Stelle im Supermarkt. Sie war mir direkt auf den Fersen …

Dale lachte. Sie hat dann eine Klasse übersprungen, sagte er. Sie war außerdem in verschiedenen Kirchengruppen. Irgendwann hat sie, wie ich, aufgehört, mit meinen Eltern in die Kirche zu gehen. Aber in der Gemeinde ist sie bis heute aktiv. Sie wohnt in New Jersey und ist ziemlich beschäftigt mit ihrer Kanzlei, aber sie kommt oft zu Besuch, oder?

Sie ist oft hier, sagte Felice und nickte feierlich.

Weißt du, was, Celina, sagte Dale. Dass ich gerade hier war, als du deinen Unfall hattest, das war ein glücklicher Zufall. Es hat uns hier zusammengebracht.

Meine Mutter nickte, sie wirkte gerührt. Wie um davon abzulenken, fragte sie Felice, ob sie in der Nähe wohne und wie sie lebe.

Als mein Mann starb, sagte Felice, habe ich zuerst gedacht, mein Leben ist zu Ende. Das ist dreißig Jahre her, also keine Angst, sagte sie und lachte. Er hatte während einer Schicht einen Unfall – er war Verladearbeiter im Hafen, ein Seil riss, und eine Ladung stürzte auf eine Arbeitergruppe nieder, und er war einer von dreien, die tödlich verletzt wurden. Ja, das ist dreißig Jahre her. Heute habe ich ein gutes Leben. Ich bin glücklich, obwohl ich nicht wieder geheiratet habe und leider auch kinderlos geblieben bin. Ich bin dankbar, obwohl Gott mir meinen Mann genommen hat. Und ich habe gute Freunde. Oder, Mariella? Mariella, hast du deine Tabletten genommen?, rief Felice. Hey, Mrs. Davoine?

Sie stand auf und nahm das Wännchen mit den Tabletten, das vor ihr auf dem Tisch gestanden hatte. Ihre Stimme hatte nun wieder den bestimmenden Klang, den ich am ersten Tag hinter der offenen Wohnungstür gehört hatte. Sie stellte sich vor Dales Mutter und half ihr, sich im Bett aufzurichten.

Ich weiß, dass du es noch schwerer hattest als ich, sagte sie zu ihr. Du hattest es von uns allen am schwersten.

Was redest du da, sagte Dales Mutter. Ich hatte es nicht schwer.

Zum ersten Mal sah ich, da Dales Mutter nun aufgerichtet im Bett saß und uns anschaute, ihr ganzes Gesicht. Es war ein Gesicht voller Falten und Flecken, die wie Sommersprossen aussahen. Es war zum Mund hin zusammengezogen, so als spitzte sie die Lippen und lachte innerlich über etwas. Ihre Augen leuchteten.

Jetzt sehe ich euch, sagte sie in unsere Richtung. Ihr seid die Gäste. Ihr schaut annehmbar aus. Wie geht es euch hier?

Während meine Mutter zu erzählen begann, was wir bisher in der Stadt unternommen hatten, stand ich auf, um mir die gerahmten Fotografien auf dem Kaminsims anzuschauen. Eine zeigte die Familie an einem Tisch im Garten hinter dem Haus, der durch unsere Küche zugänglich war und eigentlich eher einen betonierten Hinterhof darstellte, im Hintergrund der Holzzaun und ein gelber Sonnenschirm. Zwei Kinder, ein Junge und ein Mädchen, saßen an den Längsseiten, oder eigentlich standen sie, halb über den Tisch gebeugt, und hielten beide dieselbe einzelne Scheibe Toastbrot über dem Tisch in den Fingern, während sie in die Kamera lachten. Es war nicht klar, ob sie sich um die Scheibe Toastbrot stritten oder sie einer dem anderen gerade übergab oder ob sie die Szene vielleicht nur stellten. Der Mann am Kopfende schaute direkt in die Kamera. Er war ungewöhnlich groß, schien von drei Seiten über den Tisch zu wachsen, fast zu groß für das Bild, oder war alles andere im Bild, alle Gegenstände und Menschen, zu klein, wie von einem anderen Set, aus einem anderen Bild?

Der heutige Dale sah ihm zum Verwechseln ähnlich – dieselbe Zahnlücke, dieselbe hohe Stirn, dieselben großen Augen mit den langen Wimpern. Der Blick des Vaters wirkte streng, er lächelte nicht, obwohl etwas in seinem Gesicht verriet, dass nicht viel dazu fehlte. Gegen die Müdigkeit in seinen Augen kam jedoch das Lächeln seiner Mundwinkel nicht an. Ich meinte sehen zu können, wie langsam sich seine Augenlider öffneten und schlossen, als kämpfte er in jeder Sekunde darum, nicht zurückzufallen in einen ursprünglichen Schlaf, in eine urtümliche Ohnmacht seines Willens.

Die Frau im Bild war von hinten zu sehen, aber sie drehte den Kopf und das Gesicht zur Kamera. Sie war zierlich und feingliedrig, wirkte dadurch aber nicht etwa sphärisch, sondern besonders präsent. Sie lachte in die Kamera, und etwas an diesem Lachen deutete darauf hin, dass es nicht primär für die Kamera bestimmt gewesen war, sondern vielleicht die erst im Umdrehen zur Kamera bewusst gewordene Fortsetzung eines intimeren Moments. Etwas am Gesichtsausdruck der Frau schien mir plötzlich sehr vertraut, als seien sie und ich irgendwann, vor langer Zeit, Freunde gewesen und erkannten uns erst in diesem Moment wieder.

Ich fragte Dale, ob er Kinder habe. Er sagte, er habe eine Tochter, die Regie an der Columbia University studiere. Sie sei vor einem Jahr von Louisiana nach New York zurückgezogen, habe aber nicht hier im Haus wohnen wollen. Jetzt teile sie sich ein Apartment mit zwei Kommilitoninnen in Harlem. Sie habe den Kontakt zu ihrer Mutter abgebrochen, und deshalb versuche paradoxerweise immer wieder er, sie davon zu überzeugen, ihre Mutter in Louisiana anzurufen.

Warum *paradoxerweise*?, fragte ich.

Weil ihre Mutter und ich getrennt leben, sagte er.

Meine Mutter fragte, warum sie sich getrennt hätten.

Die Mutter von Sylvia, seiner Tochter, sei eine schwierige Person, sagte Dale. Sie habe sehr mit sich zu kämpfen. Schon lange. Aber nicht mal er habe es zu Beginn bemerkt, denn sie habe es jahrelang gut versteckt. Man kann jahrelang mit Problemen leben, ohne dass man ganz aufhört zu funktionieren, sagte Dale. Ihre Selbstzentriertheit habe irgendwann ein Alkoholproblem nach sich gezogen, erklärte er mit einem betroffenen Gesichtsausdruck. Oder vielleicht sei es auch umgekehrt gewesen. Jedenfalls breche sie alle Therapien ab, jedes Mal in der Überzeugung, dass sie, wenn sie nur kontrolliert vorgehe, mit dem Trinken leben könne.

Wie furchtbar, sagte meine Mutter.

Ich habe unsere alte Wohnung in Thibodaux behalten, lebe aber auf Barbados, in Bridgetown, sagte Dale. Er arbeite am dortigen Krankenhaus, fliege aber von Bridgetown regelmäßig nach New Orleans, um dann mit einem Mietwagen nach Thibodaux zu fahren und seine Exfrau, Claire, zu besuchen.

Nun ja, sagte Dale. Jedenfalls will Sylvia von ihrer Mutter nichts mehr wissen. Aber das ist wahrscheinlich nur eine Phase. Ich versuche zu erreichen, dass der Faden nicht abreißt.

Dale stand auf und trat an einen Beistelltisch, auf dem die Wasserflasche stand. Es war eine dickwandige Plastikflasche, die zu einem Gerät gehörte, mit dem man Kohlensäure in Wasser pumpen konnte. Er brachte sie zum Tisch zurück und füllte unsere Gläser.

Meine Tochter ist Gott sei Dank ziemlich vernünftig, sagte er. Ich habe großes Glück. Oder, Felice?

Sylvia ist toll, sagte Felice.

Ich hoffe, sagte Dale, sie wird irgendwann gute Filme machen.

Natürlich wird sie gute Filme machen, sagte Felice. Warum denn nicht?

Sie hat im letzten Semester einen kurzen Dokumentarfilm gedreht über eine Frau drüben in Bushwick, die seit vierzig Jahren obdachlos ist und die Straßen in ihrem Viertel fegt, sagte Dale. Die Frau arbeitet rund um die Uhr, sie bekommt von den Anwohnern regelmäßig was zugesteckt und ist eigentlich eine Eine-Frau-Firma, mit Einnahmen und Ausgaben. Sie investiert in Bürsten und Besen und Eimer und so weiter, und sie führt Buch über das Geld, das sie einnimmt. Sie hat sogar eine Internetseite, man kann sie in seine Straße bestellen. Der einzige Unterschied ist, dass sie kein Büro hat. Sie übernachtet im Sommer im Freien, im Winter in einem Heim der Gemeinde.

Sie ist inzwischen eine Berühmtheit, sagte Felice.

Spätestens seit Sylvias Film, sagte Dale. Sie nennt ihre Firma *Garbage Joe.*

Sylvia wird sicher berühmt, sagte Felice.

Berühmt vielleicht nicht, sagte Dale. Man wird mit diesem Genre nicht berühmt.

Wart's ab, sagte Felice. Andererseits, was ist schon Berühmtheit. Auch von Berühmtheit und Geld kann man sich nicht alles kaufen. Oder, Mariella?

Was redet ihr da, sagte Mariella vom Bett aus. Ich höre nur die Hälfte. Natürlich soll Sylvia berühmt werden, und vor allem reich. Und dann soll sie das Geld uns geben.

Und was würdest du dir dafür kaufen?, fragte Felice.

Ich würde diesen Milliardär Musk beauftragen, mir eine Zeitmaschine zu bauen, und dann würde ich dreißig oder vierzig Jahre zurückreisen und jemanden damit beauftragen, die Treppe vor dem Haus zu reparieren.

Felice lachte. Die Treppe?, sagte sie.

Ich habe mir auf dieser Treppe mal das Bein gebrochen, sagte Mariella. Ansonsten war mein Leben in Ordnung. Nur die Treppe müsste repariert werden.

O. k., sagte Felice. Wir werden es Sylvia ausrichten.

Das werdet ihr sowieso nicht tun, sagte Dales Mutter. Ich werde es ihr selber sagen.

Nach dem Dessert half ich Dale, die Teller in die Küche zu tragen. Du bleibst schön sitzen und ruhst dich aus, sagte er zu Felice. Unterhaltet ihr euch mal, sagte er zu ihr und zu meiner Mutter.

Ich ließ die Reste in den Mülleimer fallen, er spülte die Teller und stellte sie in ein Abtropfgitter neben dem Spülbecken. Er schien jede Bewegung bewusst auszuführen, nahm jeden Teller so behutsam in die Hand, als sei er besonders wertvoll.

Sein Vater, erzählte er mir über die Schulter, während ich am Küchentisch saß und nichts zu tun hatte, habe mit Depressionen zu kämpfen gehabt. Er sei, obschon so groß und muskulös, in Wahrheit nicht sonderlich robust gewesen. Die robustere von seinen Eltern sei seine Mutter. Sein Vater habe manchmal beim Kochen gesungen, er habe eine schöne Stimme gehabt. Als junger Mann habe er Musik geliebt. Ich denke, die Arbeit in der Möbelfabrik hat ihn kaputt gemacht, sagte Dale. Nicht körperlich – wie gesagt, er war groß und kräftig. Das Schleppen machte ihm gar nicht viel aus. Eher machten ihm die Routine und das

Fehlen einer Aussicht auf Veränderung zu schaffen. Meine Mutter hielt das viel besser aus. Später, als mein Vater dann die Firma hatte – er war eigentlich Ingenieur, aber hier eröffnete er ein Geschäft mit Baumaterial –, wurden die Depressionen schlimmer. Das hieß damals natürlich anders, er war einfach ständig müde und abgespannt. Aber ich denke, dass seine Lebensfreude ab einem bestimmten Moment weg war.

Ich fragte, ob er Therapien gemacht habe.

Nein, davon wollte er nichts wissen, sagte Dale.

Er begann zu erzählen, wie er einmal mit seinem Vater, er müsse ungefähr zehn oder elf Jahre alt gewesen sein, in der Stadt unterwegs gewesen sei, vorne an den Botanischen Gärten, nicht weit von hier. Wir suchten ein Geburtstagsgeschenk für meine Mutter, sagte er. Ich hatte die Idee, ihr eine Palme zu schenken, weil sie sich an der Natur so erfreute, etwa beim Grillen im Park. Wir gingen also hin, und mein Vater sprach mit dem Gärtner, der sagte, er könne ihm nicht einfach so eine Palme ausgraben, auch nicht gegen Geld. Wenn er das bei jeder Person machen würde, wären sie bald kein Botanischer Garten mehr. Sie müssen, sagte mein Vater, nicht allen eine Palme verkaufen, sondern nur uns, wir sagen es ja nicht weiter.

Alle Leute schlagen das vor, sagte der Gärtner, wissen Sie? Ungefähr zehn Leute pro Woche. Wenn zehn Leute pro Woche es nicht weitersagen, sagte der Gärtner, dann haben es am Ende des Monats vierzig Leute nicht weitergesagt, und am Ende eines Jahres vierhundertachtzig. Nach zehn Jahren leben hier in der Gegend viertausendachthundert Leute, die lügen müssen, wenn sie gefragt werden, woher sie ihre schöne Palme haben, und diese Bürde kann ich ihnen nicht auferlegen.

Die Leute, sagte mein Vater, sagte Dale, kommen mit dem Lügen viel besser zurecht, als man glaubt.

Aber der Gärtner bestand darauf: Mein Vater und ich sollten in eine Gärtnerei fahren.

In den Gärtnereien gibt es keine so schönen und exotischen Palmen, sagte mein Vater, da müssten wir schon direkt in einen Regenwald fahren. Und ist ein städtischer Botanischer Garten nicht eigentlich dazu da, den Stadtbewohnern die Fahrt in einen Regenwald zu ersparen?

Ich weiß noch, dass der Gärtner eine Halbglatze hatte, sagte Dale. Wir standen in der feuchtwarmen Luft des Gewächshauses, seine Glatze glänzte, und er klopfte sich immer wieder gegen die Stirn und lachte, um meinem Vater und mir zu signalisieren, dass überhaupt keine Chance bestand, hier mit einer Palme rauszuspazieren. Der Gärtner sagte zu mir: Junge, nervt euch dein Vater zu Hause auch so?

Kommt gelegentlich vor, antwortete ich.

Wenn ich euch eine Palme gebe, sagte er, versprecht ihr mir dann, dass ihr mich hier nie wieder besucht?

Dale hatte sich, während er gesprochen hatte, zu mir gedreht, mit einem tropfenden Teller über dem Spülbecken in der Hand. Er wandte sich zur Spüle zurück, drehte das Wasser wieder auf. Er seifte den Teller ein, hielt ihn unters Wasser und stellte ihn ins Abtropfsieb.

An jeder Supermarktkasse konnte mein Vater, sagte er

kopfschüttelnd, die Schlange eine halbe Stunde lang aufhalten.

Meine Mutter war an diesem Abend früh müde geworden, wir bedankten und verabschiedeten uns wenig später.

Es sieht schon viel besser aus, sagte Dale noch zu ihr in der Tür und deutete auf ihr Gesicht. Ich hoffe, ihr könnt in den nächsten Tagen euren Urlaub in der Stadt genießen. Ich werde meine Cousine fragen, ob die Wohnung in Maine nächste Woche frei ist.

Mich erhob, als wir durch den Gang zu unserer Tür gingen, ein seltsames Glücksgefühl, mir kamen das Haus mit dem Gang und der Tür und der Treppe und den zwei Wohnungen wie ein Schiff vor, das friedlich auf dem Meer schaukelte.

Meine Mutter hingegen wirkte besorgt. Mariella muss sich bewegen, sagte sie, als wir in unserer Wohnung standen. Egal, wie langsam und wie kurz, aber sie muss aus dem Bett raus und das Gehen üben.

Sie kann offenbar nicht mehr gehen, sagte ich.

Sie muss es üben, sagte meine Mutter. Ich werde morgen rübergehen und ihr ein paar Übungen zeigen.

Sie setzte sich aufs Sofa und schaute zu mir hoch.

Will Felice das denn?, sagte ich.

Ich habe mich vorhin nicht getraut, sie zu fragen, sagte meine Mutter. Vielleicht kann ich ihr helfen.

Aber ich finde, du solltest dich nicht aufdrängen, sagte ich.

Ich werde es nur vorschlagen, sagte meine Mutter. Sie

stand auf, stand nun mitten im Zimmer, und ich konnte sehen, wie müde sie war. Dann setzte sie sich zurück aufs Sofa.

Die Hitze war irgendwie die Stadt selbst. In der Frühe war sie noch nicht da, denn als ich am nächsten Morgen aufwachte, war das Laken, das ich mir auf dem Teppich ausgebreitet hatte, zwar nass und klebte an meinem Bein, aber die Luft im Zimmer war kühl, der Ventilator blies sie mir im Takt von ein paar Sekunden über den Oberschenkel und meine Hand. Im Radio meldeten sie konstant Temperaturen von bis zu 39 Grad, vor allem der Süden, sagte der Sprecher, als wir in der Küche saßen, sei von der Hitze betroffen, in Arizona und New Mexico, aber auch in Georgia und in Alabama sei sogar mit Werten von über 40 Grad zu rechnen.

Noch als wir vor das Haus traten, meinte ich, dass es angenehm kühl war. Aber dann öffnete meine Mutter die Gartenpforte, und wir traten auf die schiefen Gehwegplatten neben dem Baum vor dem Haus, und mir kam es im selben Augenblick so vor, als hätte die Hitze die Gehwegplatten gerade in diesem Moment gegeneinander verschoben. Auf meinen Kopf und meine Schultern floss die kochende Flüssigkeit des Sonnenlichts. Auf ihnen lastete ein in der Peripherie meines Blickfelds verschwimmender städtischer Horizont.

Ich sah die Reihe von Backsteinhäusern gegenüber und die blendenden Dächer der Autos, ich konnte am Ende der Straße den roten Backsteinkoloss der Foster-Laurie Elementary School sehen, aber gleichzeitig meinte ich, dass direkt dahinter die Schrotthalde lag, die ich unweit von hier bei einem Spaziergang mit Laura vor zwei Jahren passiert hatte – ich meinte, das Quietschen und Winseln, das Kreischen und Bersten von Metall in einer Autopresse zu hören, ich spürte das heiße Blech auf der Haut. Auch roch die Stadt aufdringlich, ich roch den feuchten Dreck von unter den Häusern, ich roch den Rattenkot in den Tunneln unter dem East River, ich roch den Müll in den zwei Tonnen auf dem gegenüberliegenden Gehsteig. Der Baum, unter dem meine Mutter und ich standen, wirkte wie eine Attrappe. Auch sein Schatten schien nur eine Täuschung zu sein. Alle Bäume in der Straße waren auf einmal Fremdkörper, sie standen in den kleinen Quadraten aus Erde, als hätte man sie erst vor kurzem für uns hier eingepflanzt. Ich würde, das spürte ich jetzt, keinen Meter gehen können in dieser Hitze, ich spürte die heiße Luft auf meinem Körper, sogar während ich stand. Es fühlte sich an wie eine Hitze, die niemals mehr abklingen würde. Aus jedem Hausfenster, von jedem Autodach strahlte sie auf uns zurück. Die Welt war in Hitze erstarrt.

Was ist mit dir?, fragte meine Mutter.

Nichts, sagte ich.

Sie schulterte ihren kleinen Rucksack und ging los.

Als wir in der Subway saßen, fragte meine Mutter mich, wann ich Noam treffen wollte. Ich hatte ihn bisher mehrmals erfolglos zu erreichen versucht.

Du hattest hier doch noch einen anderen Freund, sagte meine Mutter. Den du vor ein paar Jahren besucht hast.

Theodore, sagte ich.

Ist er nicht Informatiker?

Wir haben schon lange keinen Kontakt mehr, sagte ich. Ich weiß nicht, was er heute macht oder ob er hier überhaupt noch wohnt.

Schade, sagte meine Mutter.

Sie erzählte mir von ihrer Freundin Ula, die wie ihr Studienfreund in Texas in den 1980ern in die USA ausgewandert war und heute in der Nähe von Los Angeles lebte. Wir haben uns seit über dreißig Jahren nicht mehr gesehen, sagte meine Mutter. Wir schreiben uns aber alle paar Monate auf WhatsApp. Sie hat viel gearbeitet, ich habe gearbeitet, und ich hatte euch, sagte meine Mutter. Jetzt habe ich mein Leben, und sie hat natürlich auch ihres. Sie hat zwei Söhne, die beide große Probleme haben, irgendwie funktioniert beruflich nichts, was sie anfangen. Der eine ist außerdem krank und hat Probleme mit der Versicherung, was in Amerika sehr teuer werden kann. Sobald du wirklich krank bist, arbeitest du in Amerika nur noch für die Krankenversicherung. Bei uns ist das alles viel leichter. Die gesetzliche Krankenversicherung ist eine große Errungenschaft. In Deutschland ist das sehr gut geregelt. Mit ein Grund, warum ich nach wie vor froh bin, heute in Deutschland zu leben.

Ich wusste nicht, was ich antworten sollte.

Ich habe das Gefühl, dass Ula sehr beschäftigt ist und keine Zeit und keine Nerven für Besuch hat, sagte meine Mutter, während wir in der Bedford Avenue in Williamsburg aus der Subway stiegen, wo ich ihr eine Stelle am East River zeigen wollte, von der aus man ganz Manhattan sehen konnte.

Und ich kann ja nicht einfach für zwei Tage zu Besuch kommen, ich müsste, wenn ich schon nach Los Angeles fliege, für zwei Wochen bleiben, und das kann ich ihr nicht aufbürden zu all ihren Sorgen. Irgendwann besuche ich sie, wir waren auf dem Gymnasium die besten Freundinnen und haben viel Zeit miteinander verbracht. Irgendwann fliege ich alleine für zwei Wochen nach Amerika und besuche für ein paar Tage Andrzej in Texas und dann Ula in Los Angeles. Wenn ich das zusammenlege, dann lohnt es sich. Man kann doch nicht wegen ein paar Tagen fliegen.

Wenn man sowieso fliegt, dann ist es doch egal, für wie lange, sagte ich.

Es muss sich lohnen, wiederholte meine Mutter.

Die Flüge sind die gleichen, ein Hin- und ein Rückflug, sagte ich. Es kostet genauso viel, und die Umwelt wird genauso belastet.

Trotzdem, sagte meine Mutter. Für mein Gefühl ist es etwas anderes. Rein rechnerisch hast du vielleicht recht, aber ich finde, man sollte einen guten Grund haben.

Du hast doch einen guten Grund, sagte ich, auf einmal verärgert.

Wir stiegen aus dem U-Bahn-Schacht und standen in einer erschreckend schattenlosen Wohngegend. Kurz darauf passierten wir ein rotes Tartanfeld zwischen drei hohen Wohnblöcken. Ein paar Jugendliche warfen Bälle auf einen Basketballkorb, Eltern standen vor einem Klettergerüst und schauten ihren Kindern beim Spielen zu.

Die Sonne stand, wie ich auf einmal bemerkte, so hoch über den Dächern, dass wir und auch die neben uns geparkten Autos keine Schatten warfen – als hätten sich alle Schatten in die Dinge und Körper zurückgezogen. Mir war, als harrten sie nun in den Körpern, im Hochhaus, im Honda neben uns, in den Jugendlichen, die federnd über den Tartanboden trabten und Ausfallschritte machten, in meiner Mutter und in mir aus, bis die Zeit endlich wieder in Bewegung geraten würde.

Ich sehe den Fluss, sagte meine Mutter.

Ich folgte ihr bergab zu einer Querstraße, hinter der eine Rasenfläche begann. Links davon erhoben sich zwei Hochhäuser aus schwarzem Glas, die bei meinem letzten Besuch noch nicht hier gestanden hatten. Auf einem Balkon saß eine Frau unter einem Sonnenschirm und las ein Buch, auf einem anderen stand ein Fahrrad kopfüber, daneben ein Grill. Die roten Sozialbauten der Lower East Side auf der anderen Flussseite wirkten dörflich, die doppelt oder dreifach so hohen Wolkenkratzer von Midtown hingegen schienen weit entfernt – ganz Manhattan, das sich dort drüben auftürmte, mit dem einzeln daraus herausragenden Empire State Building oder der silbern glänzenden Spitze des Chrysler Building oder der schlanken *Needle* schien in die Länge gezogen, als sei es keine Einheit, sondern als bestünde es aus einzelnen, gar nicht so hohen Häusern, die erst, wenn man sie jedes für sich ins Auge fasste, dort in der dunstigen Ferne, und Hunderte Fenster in zig Stockwerken entdeckte, zu wachsen begannen.

Wir stellten uns ans Ufer. Das Wasser schwappte gegen zwei auf dem Sand liegende Holzpfähle, eine Möwe saß auf einem dritten Pfahl, der ein paar Meter vor uns aus dem Wasser ragte. Über den Strand gingen zwei Jungs mit Schläfenlocken und Gebetsfäden am Gürtel, nicht weit entfernt saßen ein junger Mann mit schwarzem Hut und Mantel und eine junge Frau vor einem Kinderwagen auf den Steinen, die den Strand begrenzten. Auf der gesamten Brooklyner Uferseite konnte man neue Hochhäuser sehen.

Felice hat mir erzählt, sagte meine Mutter, nachdem wir uns auf eine Bank gesetzt hatten, dass sie überhaupt nicht abgesichert sei. Um alles muss man sich hier selbst kümmern. Krankenversicherung, Arbeitslosenversicherung, Rentenversicherung, Ausbildung für die Kinder, Unfallversicherung – man muss alles privat bezahlen.

Darüber habt ihr euch unterhalten?, fragte ich.

Dein Vater und ich waren damals sehr erstaunt, sagte meine Mutter, als wir feststellten, dass man all diese Versicherungen bezahlen muss, aber dass der Staat einem, sobald man irgendein Problem hat, tatsächlich hilft. Ich bin froh, dass ich so viele Jahre über eingezahlt habe, denn jetzt bekomme ich jeden Monat Rente, und was auf dem Arbeitsmarkt passiert, muss mich nicht mehr kümmern.

Aber wie kommst du jetzt überhaupt darauf?, fragte ich.

Weil es wichtig ist, sich mit solchen Dingen früh genug zu befassen, sagte meine Mutter und wedelte sich mit ihrem grünen Sonnenvisier Luft zu. Du musst über solche Dinge nachdenken.

Ich denke darüber nach, sagte ich.

Aber vielleicht zu wenig, sagte meine Mutter. Du musst eine Wohnung kaufen oder Aktien. Irgendwas. Du musst heute schon anfangen, Geld auf die Seite zu legen. Du wirst leider nicht das Glück haben, etwas von uns zu erben. Von Robert erst recht nicht.

Ich verstehe nicht, warum wir darüber sprechen, sagte ich. Ausgerechnet jetzt und hier.

Warum denn nicht jetzt?, sagte meine Mutter. Jetzt kommen wir wenigstens dazu.

Ich möchte aber nicht darüber sprechen, sagte ich. Wenigstens jetzt und hier möchte ich nicht darüber sprechen.

Und genau das ist das Problem, sagte meine Mutter. Genau das ist der Nachteil des deutschen Systems. Und der Vorteil des amerikanischen. Hier ist man von Anfang an gezwungen, darüber nachzudenken, sich darüber Gedanken zu machen und Entscheidungen zu treffen. Die Leute hier kommen um sechs von der Arbeit nach Hause und brechen sofort zu ihren zweiten Jobs auf, jeden Tag – Felice putzt noch bei zwei anderen Familien und kümmert sich um deren Haushalte. Sie kommt gegen ein Uhr nachts nach Hause, geht sofort ins Bett und muss am nächsten Morgen um sechs wieder aufstehen. Alles hier kostet Geld. Sobald du zum Zahnarzt musst, dir ein Bein oder, wie ich, die Nase brichst, oder arbeitslos wirst oder deine Kinder studieren sollen, brauchst du Tausende von Dollars, und deshalb müssen die Menschen hier jeden Monat alle möglichen privaten Versicherungen zahlen und die Kreditrate für ihr Haus überweisen und Geld auf die Seite legen, so viel es geht, denn es kann immer etwas passieren.

Meine Mutter blickte sich um, sie ließ ihren Blick über den Park und das Dock und die Häuser auf der anderen Seite des Flusses schweifen. Sie seufzte zufrieden.

Schau mal, was für ein schöner Urlaub, sagte sie.

Ich atmete vorsichtig aus.

Aber gerade im Urlaub, sagte meine Mutter, muss man sich zwingen, nachzudenken über das Leben. Nur weil ich gezwungen war, mich damit zu befassen und Entscheidungen zu treffen, kann ich heute alles machen, was ich will. Ich kann mir diese Reise leisten und muss mir keine Sorgen machen.

Ich kann mir diese Reise auch leisten, sagte ich.

Noch kannst du dir eine solche Reise leisten, sagte meine Mutter.

Wenn ich mir keine mehr leisten kann, sagte ich, dann mache ich auch keine mehr.

Ich will dir nur sagen, dass du über diese Dinge nachdenken solltest, sagte meine Mutter. Zum Beispiel über eine Wohnung.

Von welchem Geld soll ich denn eine Wohnung kaufen?, sagte ich.

Von demselben Geld, von dem du heute diese Reise machst, sagte meine Mutter.

Also hätte ich diese Reise nicht machen sollen?, sagte ich.

Doch, sagte meine Mutter. Sie lachte fröhlich. Aus diesem Grund sage ich dir ja immer, dass du einen richtigen

Beruf brauchst. Du brauchst eine richtige Stelle, wo du ein richtiges Gehalt bekommst. Schreiben kannst du jederzeit nebenbei, als Hobby.

Es ist aber kein Hobby, sagte ich.

Ich finde schon, sagte meine Mutter.

Ich finde das nun mal nicht, sagte ich.

Das weiß ich, sagte meine Mutter.

Wir saßen da und schauten über den Fluss, auf dem das Sonnenlicht glitzerte. Es roch nach dem schlammigen Wasser aus dem East River. Ein Ausflugsschiff fuhr langsam flussaufwärts. Die Leute standen am Geländer des Docks; über den Pfahlstümpfen direkt vor ihnen schwebten ein paar Möwen. Manhattan drüben war in dieser Sonne eine Ansammlung von glatten, glänzenden Spielklötzen. Es schien mir plötzlich unglaubwürdig, dass dort, in jedem dieser tausend Fenster, gerade jemand arbeitete, Entscheidungen traf, vielleicht die Geschicke der Stadt und des Landes und der Welt beeinflusste.

Vielleicht gehen wir weiter, sagte ich.

O.k., sagte meine Mutter.

Wir erhoben uns. Ich fühlte plötzlich, dass sie Unrecht hatte, und ich verstand sie nicht. Es war ein sonniger Tag. Wir waren in New York. Ich fühlte, wie mich ein Anflug von guter Laune hob und leicht machte, wie mich aber die Anwesenheit meiner Mutter beschwerte. In diesem Moment war ihr Unfall weit weg, wie eine falsche Erinnerung. Als hätte ich ihn mir nur eingebildet.

Seit ein paar Jahren sprachen Laura und ich schon darüber, eine Wohnung zu kaufen. Das, was wir heute an Miete zahlten, eine Summe, die aufgrund eines Staffelmietvertrags, den wir mit unserer Vermietungsfirma unterschrieben hatten, jährlich um acht Prozent anstieg, konnten wir, so meine Überlegung, genauso gut als Kreditrate abbezahlen, und nach zwanzig Jahren besäßen wir dann eine Eigentumswohnung. Aber dann sagten wir auch immer wieder, dass wir vielleicht gar nicht in Berlin bleiben wollten. Die Stadt war uns manchmal zu laut und zu schmutzig, und als Freiberufler konnten wir an sich überall wohnen. Vielleicht, überlegten wir, wäre es besser, wieder in eine kleinere Stadt oder aufs Land umzuziehen. Wir würden vielleicht Kinder bekommen, und dann wäre es gut, in der Nähe eines der Großelternpaare zu leben.

Ich war schon zwei Mal bei meiner Bank gewesen und hatte mir von meiner Beraterin vorrechnen lassen, welchen Kaufpreis ich mir mit meinen in den letzten Jahren angesparten zwanzigtausend Euro Kapital für eine etwaige Eigentumswohnung leisten konnte. Für Selbstständige galten besondere Richtlinien. Jedes Mal, wenn ich wieder in die

Bank gekommen war, hatten sich die Preise für Wohnungen fast verdoppelt. Und jedes Mal, wenn ich mit einem Makler oder einer Maklerin und einem Dutzend interessierter Paare oder Studierender mit gut verdienenden Eltern in einer dunklen, beengten und direkt an einer vierspurigen Straße mit S-Bahn-Hochtrasse gelegenen Zweizimmerwohnung stand, die ich mir gerade noch so würde leisten können, dachte ich an die zwanzig Jahre, in denen ich den Kredit würde abbezahlen müssen. Und sobald ich unten auf die Straße trat, erfasste mich ein paradoxes Freiheitsgefühl, ich ging jedes Mal mit einer Euphorie los, als hätte ich einen Krieg überlebt.

Am Nachmittag des fünften Tages unserer Reise erreichte ich endlich Noam. Nach einem Mittagessen in Dumbo sagte meine Mutter, dass sie gerne zur Wohnung zurückfahren wolle, sie sei etwas müde und müsse sich ausruhen und später vielleicht spazieren gehen. Ich solle ihr nicht böse sein, sie wolle nur ein wenig mit sich allein sein, das sei nichts gegen mich.

Das ist doch kein Problem, sagte ich.

Wirklich nicht?, sagte sie. Ich hoffe, du bist nicht enttäuscht.

Man braucht doch manchmal eine Pause, sagte ich. Wirklich, mach dir bitte keine Sorgen.

O.k., sagte meine Mutter. Du brauchst ja vielleicht auch etwas Zeit mit dir allein.

Es war komisch, auf einmal ohne sie unterwegs zu sein. Die Hauptstraße unseres Viertels wirkte, vielleicht wegen der Hitze, verwaist und hatte die Künstlichkeit einer für ein Spiel aufgestellten Kulisse. Die zweistöckigen Backsteinfassaden bildeten auf beiden Seiten eine geschlossene Zeile, die Dächer ragten etwas über sie hinaus, aber insgesamt wirkten die Häuser niedrig und flach wie in einem Westernstädtchen. Auch hatte ich, als ich mich auf das abgezäunte Podest einer Bar an einen Tisch im Schatten setzte, weil ich vor dem Treffen mit Noam noch etwas Zeit hatte, und mir ein kleiner, chinesisch aussehender Typ ein Bier brachte, das Gefühl, dass hinter den Fassaden die Prärie begann. Die Bürgersteige zu beiden Seiten der frisch asphaltierten Fahrbahn waren ungewöhnlich breit. Die Fahrbahn selbst war durch gelbe und blaue Linien und den roten Busstreifen unter der baumelnden Ampel an der Kreuzung geordnet. Vor mir, auf meiner Schattenseite, zogen die Leute vorbei, alle nebeneinander in einer langgezogenen Front. Sie wirkten verkehrsvergessen, sie sprachen ausgelassen miteinander und lachten. Auf der anderen Fahrbahnseite lag der Bürgersteig im grellen Licht. Dort bewegte sich nichts, die Blechrollläden des Frisörsalons, eines Maniküreladens und der zwei Delis waren heruntergelassen, es war früher Nachmittag, die heißeste Zeit des Tages. Kein Mensch, nicht einmal ein Hund war dort drüben zu sehen.

Ein Auto wie ein riesiges Kinderspielzeug, mit glänzend silbernen Kotflügeln, fuhr zwei Kreuzungen entfernt auf Höhe der Beulah United Church of God an der Ampel an – es dauerte eine Ewigkeit, bis es sich in Bewegung gesetzt hatte. Am Anfang hörte ich es anfahren, ohne dass es vom Fleck kam, es schien sich nur in sich selbst zu bewegen und sich mehr und mehr zusammenzustauchen. Dann rollte es plötzlich los, fuhr wie in Zeitlupe an mir vorbei, bremste auf meiner Höhe jedoch schon wieder ab, da die girlandenartig über der Straße baumelnde gelbe Spielzeugampel bereits wieder auf Rot gesprungen war – als ginge es hier darum, in den Autofahrenden niemals auch nur eine Ahnung davon aufkommen zu lassen, was es hieß, echte Geschwindigkeiten zu entwickeln.

Wie schmeckt das Bier?, fragte mich der andere Typ aus der Bar, der blond war und einen angegrauten Bart trug, der so perfekt gestutzt und zeitgemäß aussah wie die neue Fahrbahn.

Kann es sein, dass es etwas nach Roter Bete schmeckt?, fragte ich.

Wir benutzen sie als Süßungsmittel, aber auch, um die Bernsteinfarbe hinzubekommen, sagte er und wirkte dabei stolz, als spräche er über sein Kind.

Wir unterhielten uns darüber, woher ich kam, und er erzählte, dass er die Bar vor zwei Monaten eröffnet habe. Die Gegend, sagte er, entwickle sich gerade, früher habe er mit Immobilien gehandelt, aber jetzt konzentriere er sich ganz auf die Bar. Er lobte das deutsche, insbesondere das bayerische Bier, aber auch das tschechische. Tschechien, sagte er, Heimatland des Pilsners – und des Biers im Allgemeinen! Auch wenn er und einige andere Leute heute das Bier in andere Richtungen entwickelten, so habe er vor einem Jahr eine Reise durch Tschechien gemacht und ein paar kleine

Brauereien besucht. You have to know, where you come from, sagte er.

Es schmeckt wirklich gut, sagte ich und freute mich, weil es ihn zu freuen schien.

Eine Frau war neben mir stehen geblieben und fragte nach Feuer. Sie trug ein hauchfeines Halstuch und legte die Hand mit der Zigarette dicht neben mir auf den Holzzaun des Podests. Ihre Nägel waren gelb lackiert. Mir gefiel die Kombination dieses Gelbs mit ihrer braunen Hand und der helleren Handinnenfläche und den hellen Rillen an Knöcheln und Fingergelenken.

Ich rauche leider nicht, sagte ich.

Sie war nicht geschminkt, aber ihre Augen strahlten, als sie lächelte, etwas so Positives aus, dass ich mit ihr in einem einzigen Augenblick eine ganze Beziehung durchlebte, angefangen beim Kennenlernen, übers Verlieben, den Sex, das Zusammenziehen hier irgendwo in diesem Viertel, in dem wir Kinder bekommen, den Familienalltag erleben, älter werden und schließlich unsere Enkel hüten würden.

Ich rauche eigentlich auch nicht, sagte sie.

Wir unterhielten uns kurz darüber, woher ich kam und was ich machte, und da ich mich plötzlich schämte, ihr zu sagen, dass ich Schriftsteller war, sagte ich, ich sei Journalist und schriebe über naturwissenschaftliche Themen, Molekularbiologie und Genetik, was ich früher tatsächlich gemacht hatte. Sie sagte, sie arbeite in einer Boutique, sie leite diese Boutique sogar, und ich solle doch mal vorbeikommen. Dann wünschte sie mir einen guten Aufenthalt in der Stadt und ging weiter und verschwand um die nächste Ecke.

Ich schlug mein Notizbuch auf, aber die Seiten waren sofort nass vom Schweiß und vom Kondenswasser am Bierglas, also packte ich es zurück in meinen Stoffbeutel. Der Holztisch vor mir war übersät mit Ringen aus Kondenswasser. Es fiel mir schwer zu atmen, ich fragte mich, wie sie hier hatte entlanggehen können, einfach so.

Eine Stunde später erschien Noams Kopf am Fenster seiner Wohnung, im ersten Stock eines Gebäudes in Bushwick. Er hob den Arm zu einer Geste, die ich nicht deuten konnte.

Musst du aufs Klo?, fragte er.

Ich war mit einem Bus quer durch Crown Heights gefahren und ein paar Blöcke zu Fuß gegangen.

Man muss hier immer erst mal aufs Klo, sagte er, als er kurz darauf vor mir auf der Straße stand und wir uns umarmten. Das liegt daran, dass man immer so lange von einem Ort zum anderen unterwegs ist.

Er führte mich in eine Bar zwei Straßen weiter. Auf dem Weg erklärte er mir, dass es hier erstaunlicherweise keine guten Bars gebe. Und das, obwohl wöchentlich neue Bars aufmachen und andere verschwinden, sagte er. Aber diese eine hier sei in Ordnung.

Die Bar hieß *Octopus' Life*. Im Inneren war es dunkel, es roch säuerlich nach Bier und nach kaltem Rauch. Noam bestellte am Tresen zwei Lager, dann gingen wir zum hinteren Teil der Bar und raus in einen durch einen hellen Holzzaun eingefassten Biergarten mit einem Baum, in dem farbige Glühbirnen hingen.

Ich kann dir sagen, dass ich es hier eigentlich nicht mehr aushalte, sagte er, nachdem wir angestoßen hatten.

In diesem Viertel?, fragte ich.

In dieser Stadt, sagte er. Weil die New Yorker wie Kinder sind. Superintelligente Kinder, sagte er. Sie lebten in ständiger Angst. Sobald man ihre Haltung oder Einstellung hinterfrage oder das, was sie für ihre Haltung oder Einstellung hielten, wenn man ihnen widerspreche und ihre Argumente anzweifle, fühlten sie sich verloren. Würden sie nicht dieses zivilisatorische Korsett tragen aus Protestantismus und dem, was sie Familie nennen, wären sie in der Lage, einen Menschen totzuschlagen – ihre Angst kippe sofort in Hass um. Es sei beinahe unmöglich, einen Menschen zu finden, mit dem man ein echtes, ehrliches Gespräch führen könne.

Hast du wieder eine Freundin?, fragte ich.

Er zuckte die Achseln. Nach der Scheidung von Tamar habe er ein paar Jahre lang niemanden gedatet. Aber jetzt, sagte er, treffe ich mich ab und zu mit einer Frau. Sie ist sehr schön, fünf Jahre älter als ich. Groß gewachsen, gut erzogen und noch besser ausgebildet. Sie hat ein paar Bücher geschrieben, zuletzt eines über Gentrifizierung, für das sie Interviews geführt hat mit allen möglichen Menschen aus unterschiedlichen Schichten. Eines dieser unendlich langweiligen Themen, mit denen man heutzutage auf jeden Fall auf der richtigen Seite steht. Dementsprechend hat sie etwas Erfolg gehabt, sie hat ein paar Bücher verkauft und ein paar Preise bekommen. Ich gönne es ihr, sie ist ein toller Mensch, aber ich sage dir, ich kann kein normales Gespräch mit ihr führen.

Was meinst du denn mit einem normalen Gespräch?, fragte ich.

Sie sagt ständig zu mir, dass sie in mich verliebt ist, sagte Noam. Aber wenn ich ihr sage, sie solle mir erklären, was sie davon habe, sie solle mir bitte ehrlich auch die pragmatische Komponente ihres Verliebtseins offenlegen, dann flippt sie aus. Sie kriegt sich nicht mehr ein, knallt mit den Türen, nennt mich gestört. Meistens meldet sie sich erst nach ein paar Wochen wieder bei mir, und dann ist alles wie weggewischt. Ihr Ausraster wird nicht erwähnt, es wird darüber geschwiegen, alles ist wieder gut, und sie ist wieder furchtbar romantisch verliebt. Ich weiß natürlich, dass sie recht hat, wenn sie sagt, dass ich unmöglich bin. Es tut mir leid, weil sie liebenswert ist und gutmütig. Aber trotzdem.

Er nahm einen Schluck, schüttelte den Kopf.

Ich kann dir nicht sagen, wie oft ich hier auf Oberflächlichkeiten zurückverwiesen werde, sagte er dann. Welche Reaktionen ich bekomme, wenn ich versuche, an den Kern der Leute zu kommen oder auch nur irgendeine Diskussion bis zu dem Punkt zu bringen, wo die Dinge beginnen, nicht mehr ganz eindeutig zu sein oder unangenehm. Ein paar Mal bin ich mit einer Bekannten zu Lesungen und zu Abendessen bei Agenten oder Übersetzern gegangen, und es ist immer das Gleiche: Alle sind unvorstellbar nett zu mir. Jeder fragt mich, woran ich gerade arbeite, was mein aktuelles Projekt sei, wie es mir gehe und so weiter. Man plaudert über dieses oder jenes gerade erschienene Buch. Aber sobald ich wirklich anfange, davon zu erzählen, was ich gerade mache, und sie merken, dass es nichts mit dem englischsprachigen Markt zu tun hat, weil ich aus dem Deutschen ins Hebräische übersetze, und sobald ich erzähle, dass mein Verlag in Tel Aviv meine Übersetzungen nicht mehr verlegt, seit sieben Jahren schon, weil in Tel Aviv nur Idioten und Stümper und Heuchler unterwegs sind, kann ich fast körperlich spüren, wie ihre Freundlichkeit abflacht, wie ihre Aufmerksamkeit abschweift und in den Raum diffundiert. Die Freundlichkeit ist noch da, mir wird zugehört, aber jetzt mit Angst und Unruhe. Und dabei will ich nichts von ihnen, verstehst du? Ich bin ja nur aus sozialen Gründen auf diesen Festen, nicht aus beruflichen. Ich brauche von ihnen nichts, ich will kein Geld, will kein Projekt bewerben, ich will nur ein Gespräch von Mensch zu Mensch. Und plötzlich reden wir über das Buch einer vielversprechenden jungen Autorin, dessen Thema ein Verbrechen in einem Südstaatenkaff ist, und alle Verlegerinnen und Übersetzer und Autorinnen am Tisch zitieren mit einem Mal Dostojewski und Balzac. Sie sagen Sätze wie: «Das erinnert mich stark an Dostojewski.» Oder «Seit Balzac hat niemand die menschliche Natur so beschrieben». Dann frage ich also, auf welches Buch von Balzac er oder sie sich konkret beziehe, auf welchen Dostojewski-Roman, und die Antwort ist: Das ganze Werk, die generelle Herangehensweise. Also gebe ich zu bedenken, dass jeder von uns, wie wir hier sitzen, genauso zu einem Mord fähig wäre, und vielleicht würde er uns unter gewissen Umständen sogar als Pflicht an der Menschlichkeit erscheinen, wie eine soziale Tat. Worauf der Autor antwortet, dass jeder Mensch doch, wie Kant gezeigt habe, instinktiv in sich spüre, was richtig sei und was falsch. Wir wüssten genau, dass ein Mord falsch sei, egal unter welchen Bedingungen, genauso wie ja, zum Beispiel, keine Mutter mit gutem Gewissen ihr Kind verlasse oder abtreibe. Jedes Verbrechen sei mit einem Gewissenskonflikt verbunden.

Das ist einfach nicht wahr, sage ich. Dann wären die Nazis und Stalin und Pol Pot oder heute die Leute vom IS erdrückt worden von ihrem schlechten Gewissen. Aber das Gegenteil ist doch der Fall! Total hirnrissig, hier Dostojewski, Balzac oder Kant zu zitieren. Stille breitet sich am Tisch aus, jemand hustet, putzt sich, wenn man Glück hat, die Nase. Der Autor lächelt, sagt, ich hätte sicher nicht ganz unrecht, er lächelt wie bei einem Vorstellungsgespräch und also eher in die Runde als zu mir, er lächelt sehr freundlich, aber in seinen Augen sehe ich die blanke Angst und einen Hass, der deutlich macht, der klarstellt, dass er nie mehr mit mir sprechen wird. Er immerhin wird sich beim nächsten Mal an mein Gesicht und an meinen Namen erinnern.

Noam lachte. Jetzt rede ich so auf dich ein, entschuldige, sagte er. Wie lange haben wir uns nicht gesehen? Es muss fünf oder sechs Jahre her sein. Ich lebe schon zu lange hier. Aber weißt du, für mich ist es die schlimmste Form von Heuchelei, wenn sich Schriftsteller und Intellektuelle für die Gesellschaft und für die sogenannten einfachen Leute und vor allem für Politik zu interessieren beginnen. Wie sie wieder anfangen, irgendwelche Sozialtheoretiker zu zitieren und sich *mea culpa* an die Brust heften und jeden, der nicht einstimmt, mit moralischen Argumenten in den Boden stampfen. Eine größere Lächerlichkeit als die eigene moralische Überhöhung im Kleid des Schuldeingeständnisses gibt es nicht, eine größere und gefährlichere Falschheit und Verlogenheit ist nicht denkbar. Kaum vorstellbar, was in der Geschichte aus falsch verstandenem Humanismus heraus alles passiert ist, aus einer solchen das eigene Gewissen entlastenden Mode und Selbsttäuschung. Es gibt nichts Schlimmeres, aber offenbar sind wir Menschen so, und es ist wieder so weit. Entschuldige, wir wollen nicht mehr darüber sprechen. Erzähl mir lieber, was du in den letzten Jahren gemacht hast. Was passiert bei dir, was machst du hier? Was, verdammt noch mal, willst du in dieser Stadt?

Ich erzählte ihm, dass ich mit meiner Mutter eine zweiwöchige Reise unternahm und dass sie einen Unfall gehabt hatte. Wir sprachen über die Angst, die ich um meine Mutter gehabt hatte. Noam wirkte selbst ein wenig erschrocken, und ich sagte, dass wir bald an die Küste und nach Norden aufbrechen würden. Dort könnten wir bestimmt etwas ausspannen, und meine Mutter käme wieder zu Kräften.

Das wünsche ich euch, sagte Noam.

Ich sagte, dass ich eigentlich vorgehabt hätte, alleine etwas durch die Gegend zu fahren, aber unter den neuen Umständen sei es sicher besser, einen festen Ort zu finden.

Das klingt vernünftig, sagte Noam.

Dann sprachen wir über meine Arbeit. Ich erzählte ihm, dass ich in den letzten fünf Jahren, seitdem wir uns nicht gesehen hatten, zwei Bücher geschrieben hatte und dass ich allmählich glaubte, unter dem Strich zähle eigentlich nur der kommerzielle Erfolg, Verkaufszahlen. Dass es überhaupt keinen Sinn hatte, zu schreiben, wenn kein Mensch lesen wollte, was man schrieb, ganz besonders heute, in einer Zeit, da die Demokratisierung des Denkens abgeschlossen sei und die Mehrheit entscheide, was gut sei, nicht mehr einige wenige.

Und doch leben auch wir in dieser Welt, sagte Noam. Wir sitzen in unseren kleinen Wohnungen und lesen und denken und machen, was niemanden interessiert. Wir sind nicht tot, wir sind genauso Teil des Marktes.

Früher dachte ich, ich wolle anspruchsvolle Literatur schreiben, sagte ich. Heute weiß ich, dass ich eigentlich Erfolg haben will. Leider kann ich nicht so schreiben, dass sich eine Vielzahl von Menschen davon unterhalten fühlen würde.

Ein Hoch auf den Erfolg!, sagte Noam und hob sein Glas. Ich bin deiner Meinung, Literatur soll unterhalten. Alles andere ist verlogener Mist für die Eliten.

Er lachte und zwinkerte einem Typen am Nachbartisch zu. Komm, sagte er zu mir, wir gehen in eine andere Bar, die Leute hier sind mir zu jung.

Ich hatte Noam in einer sogenannten Writers' Residency kennengelernt, in der Nähe der Stadt Hudson, am gleichnamigen Fluss. Mit dem Auto brauchte man von New York City etwa zwei Stunden dorthin. Noam war damals noch mit Tamar verheiratet gewesen, aber er hatte mir erzählt, dass sie eigentlich schon seit dem Umzug von Tel Aviv nach New York Probleme gehabt hatten. Tamar hatte einen Studienplatz an der NYU Tisch School of the Arts bekommen und lernte viele neue Leute kennen. Sie war fünf Jahre jünger als Noam, alle diese Leute waren jünger als Noam. Tamar verbrachte viel Zeit mit ihnen, auf Partys, mit Drogen.

Für Noam schien das in Ordnung zu sein, aber er spürte, wie er mir damals erzählte, dass sie begonnen hatten, unterschiedliche Leben zu führen.

Während ich mich daran erinnerte und er mir erzählte, dass er zurzeit zum Geldverdienen die Zeitung einer jungen jüdischen Community hier um die Ecke redigiere, von ein paar Leuten, die in der Nachbarschaft alle möglichen Kunstprojekte organisierten, stellte ich fest, dass sich in seinem Gesicht noch immer eine besondere Energie ausdrückte, etwas Positives und trotz allem Weiches und Wohlmeinendes. Ich meinte sogar, dass es, selbst als er über die Leute auf den literarischen Veranstaltungen gesprochen hatte, Verständnis zeigte.

Wir gingen zwei Straßen weiter, in eine Bar, die *Monica Belucci* hieß und von der Noam sagte, dass sie die «zweite einzige Bar» sei, in die man hier gehen konnte und die, wie ich auf Google sah, während er kurz auf die Toilette ging, drei von fünf Sternen hatte, *Con Air* schrieb über sie: «Gute Bar, aber es gibt bessere.»

Nein, sagte Noam, als er wiederkam und sich ans Fenster vor sein Bier setzte. Ich liebe die Leute hier. Ich weiß, ich schimpfe über sie. Aber ich liebe sie. Sie sind so herrlich jung. Alle hier sind so jung und voller Energie und wollen etwas machen, alle wollen Erfolg, den größtmöglichen Erfolg mit dem klugen Zeug, das sie machen, sie wollen etwas erreichen, und das gefällt mir. Ich liebe es. Ich liebe diese Stadt, aus der es kaum ein Entkommen gibt, in der alles nur Beton und Stahl und Glas ist. Ich liebe den Dreck, den Gestank, den Lärm. Ich liebe die Menschen. Und vielleicht liebe ich das alles als Einziger ganz ehrlich, denn ich gehöre nirgends dazu.

Ich freue mich, dass wir uns wiedergesehen haben, sagte Noam, als wir uns vor der Bushaltestelle zum Abschied umarmten. Ich konnte in seiner Umarmung Freude und Herzlichkeit spüren. Aber auch schon Nostalgie, ein Bedauern darüber, dass der Abend vorbei war. Ich wollte ihn gar nicht loslassen. Er klopfte mir auf die Schulter und lächelte auf eine halb humoristische, halb grimmige Weise.

See you, sagte er und ging, als ich in den Bus stieg, in seine Straße davon, leicht gebückt, gedrungen irgendwie und so, als müsste er gegen einen Widerstand angehen, aber hätte sich an diesen Widerstand längst gewöhnt.

Ich stieg ein paar Stationen früher aus dem Bus und ging durch die nächtlichen Straßen unseres Viertels noch ein Stück zu Fuß. Es war noch immer warm, als wäre es gar nicht Nacht. Aus den Gärten roch es wieder nach Blumen. Ich fühlte mich leicht und euphorisch nach unserem Treffen, aber auch etwas traurig, vielleicht, weil sich mein Aufenthalt in der Stadt schon wieder dem Ende zuneigte. Ich nahm mir vor, Noam vorzuschlagen, bald nach Berlin zu kommen, Laura kennenzulernen und ein paar Tage mit uns zu verbringen. Ich bedauerte, dass wir uns so selten sahen. Es wäre schön, dachte ich, sich nach einem Arbeitstag in einer Bar zu treffen, zusammen ein Bier zu trinken und über alltägliche Dinge zu sprechen, mehr mit dem Leben des anderen zu tun zu haben.

An unserem letzten Tag in New York setzte sich in einem Café in SoHo ein Mann zu uns.

Wir waren an diesem Morgen nach Manhattan gefahren und in Chelsea ausgestiegen, um endlich, wie meine Mutter es sich gewünscht hatte, die High Line entlangzuspazieren, die stillgelegte Hochtrasse, die zu einem Spazierweg zwischen den Häuserblöcken umgestaltet worden war. Während wir mit Hunderten anderen Touristen zwischen Inseln aus japanischen Bäumchen und Sträuchern in abgegrenzten Kiesflächen gingen, blieb meine Mutter immer wieder stehen und fotografierte die Wolkenkratzer von Midtown. Am Ende der Strecke, von der aus man teilweise direkt auf die Esstische in den Wohnungen oder die Arbeitsplätze der Büros schauen konnte, erreichten wir eine Plattform, von wo aus sich ein Blick über den Hudson River und auf die Hochhäuser von New Jersey auftat. Neben der Plattform befand sich eine Baustelle, aus der die Glastürme der Hudson Yards über uns in den blauen Himmel wuchsen, so weit hinauf, dass man den Kopf in den Nacken legen musste, um zu beobachten, wie dort oben das Baumaterial mit winzig aussehenden Kränen von einer Seite zur anderen geschwenkt wurde.

Wir gingen eine halbe Stunde lang am Bauzaun entlang, während die Mittagshitze uns mehr und mehr zu schaffen machte. Die Baustelle wirkte wie eine eigene Stadt innerhalb Manhattans; es verschwanden Lastwagen über Rampen unter der Erde, am Zaun entlang saßen oder lehnten Hunderte Männer in orangefarbenen Westen und aßen ihr Mittagessen.

Um nach diesem Marsch über die halbe Insel in der größten Hitze des Tages ein wenig auszuruhen, schlug ich meiner Mutter vor, mit der U-Bahn nach SoHo zu fahren, weil ich dort ein Café mit angeschlossenem Buchladen kannte, das ich gerne noch besuchen wollte, bevor wir die Stadt verließen.

Etwa um die Mittagszeit saßen wir im Schatten der seltsam engen, teils kopfsteingepflasterten Straßen von SoHo hinter einer Glasscheibe zwischen Bücherregalen. Meine Mutter hatte gelesen, dass die Backsteingebäude vor dem Fenster in den 1920er-Jahren Textilmanufakturen beherbergt hatten. Diese Unternehmer haben hier unter ausbeuterischen Bedingungen Kleidung produziert, sagte sie. Findest du das nicht interessant, dass heute immer noch Boutiquen von Prada und Levi's darin untergebracht sind?

Der Raum war angenehm klimatisiert.

Entschuldigung, ich habe gehört, dass Sie nicht Englisch miteinander sprechen, sagte eine Stimme, die zu einem älteren Mann gehörte, der plötzlich vor unserem Tisch stand. Ich heiße Hendrik und komme aus den Niederlanden, darf ich?, sagte er und setzte sich schon. Was ist mit Ihrem Gesicht passiert?

Ich hatte einen Unfall, sagte meine Mutter.

Das tut mir sehr leid, sagte er. Ich hoffe, Sie haben keine großen Schmerzen.

Ich habe Schmerzmittel, sagte meine Mutter. Ein bisschen Probleme beim Atmen, aber sonst ist alles o.k.

Ich möchte auch nicht stören, sagte er. Wissen Sie, ich bin schon seit drei Monaten unterwegs. Vor einer Woche habe ich einen Job beendet, und jetzt warte ich auf den nächsten.

Sie stören nicht, mein Sohn und ich ruhen uns gerade aus, sagte meine Mutter. Was ist Ihr Job?

Ich mache Verschiedenes, sagte der Mann. Manchmal arbeite ich auf Kreuzfahrtschiffen. Gerade habe ich Touristen auf einem Segelschiff von Spitzbergen über Grönland nach New York gebracht. Ich bin Seemann, schon seit über fünfzig Jahren. In drei Tagen werde ich Touristen die Küste entlang nach Nova Scotia und wieder zurück bringen. Danach leite ich eine dreiwöchige Expedition auf dem Amazonas, wir starten in Manaus.

Er holte eine Visitenkarte aus der Brusttasche seines Hemdes und reichte sie meiner Mutter, die sie eine Weile betrachtete und an mich weitergab. Auf der Karte waren die Internetadresse der Firma *Concept Sailing* und sein Name *Hendrik Velden* zu lesen. Meine Mutter sagte, dass es so klinge, als sei er viel unterwegs.

Ich bin seit den 1960er-Jahren Seemann, sagte er. Früher war ich Sportsegler.

Das ist bestimmt ein interessanter Beruf, sagte meine Mutter. Sie fragte ihn, wo er schon überall gewesen sei.

Eigentlich überall, sagte er. Es gibt ein paar kleine Pazifikinseln, auf denen ich noch nicht war.

Meine Mutter fragte, ob er irgendwo einen festen Wohnsitz habe.

Ich habe eine kleine Mietwohnung in Amsterdam, sagte er. Meine Exfrau und meine zwei Töchter leben dort. Alle paar Monate komme ich nach Hause und besuche sie.

Er fragte meine Mutter, ob sie das erste Mal in New York sei. Und welche Sprache wir vorhin gesprochen hätten, irgendetwas Osteuropäisches? Er sagte, dass sie sehr gut Englisch spreche.

Danke, sagte sie. Aber früher, als Studentin, war mein Englisch viel besser. Heute habe ich große Probleme, mich auszudrücken.

Überhaupt nicht, sagte er.

Sie können gar nicht wissen, was ich sagen will, sagte sie. Sie hören ja nur das, was ich sage.

Das stimmt, sagte er.

Meine Mutter fragte ihn, ob es ihm hier gefalle.

Er sagte, er habe so seine Lieblingsorte. Anderes hier gefalle ihm weniger. Aber das sei überall so. Er warte oft in Hafenstädten auf seinen nächsten Job.

Welche Art von Touristen buchen Ihre Expeditionen?, fragte ich.

Vor allem Leute, die sich für spezielle Themen interessieren, sagte er. Er habe zum Beispiel einmal einen historischen Segeltörn geleitet, auf den Spuren einer Expedition von Ernest Shackleton. Shackleton habe zusammen mit Robert Scott 1901 eine Forschungsreise zum Südpol unternommen, die sie aber abbrechen mussten. Ein paar Jahre später sei er dann, was die wenigsten Menschen wüssten, zu einer zweiten Expedition aufgebrochen, nämlich zur ersten Umrundung der Antarktis. Auch daran sei er gescheitert, die *Endurance* blieb im Eis des Weddellmeers stecken und kenterte. Shackleton segelte von der Antarktis zehn Tage lang zu der Insel South Georgia, in einem Rettungsboot mit Namen *James Caird*, um Hilfe für seine Besatzung zu holen. Diesen ganzen Expeditionsverlauf hätten nun er und zwei Kollegen nachgestellt, in einem originalgetreuen Rettungsboot mit einfachem Segel.

Leider ist die Antarktis heute überfüllt mit Kreuzfahrtschiffen, sagte der Segler, die meisten kommen von Ushuaia in Argentinien. Damit die Antarktis nicht vollkommen zertrampelt werde, hätten sich die Reedereien freiwillig dazu verpflichtet, täglich nur zwanzig Schiffe ins Weddellmeer aufbrechen zu lassen. Trotzdem herrsche dort Hochbetrieb. Aber die Tour sei interessant gewesen. Die Vorbereitungen hätten zwei Jahre gedauert.

Und die Expedition nach Nova Scotia in drei Tagen?, fragte meine Mutter.

Das ist eine ganz andere Geschichte, sagte er, quasi ein Ausflug auf einem Luxusboot.

Ich entschied, aufzustehen und mich ein bisschen umzusehen. Ich stellte mich vor ein Regal gleich in der Nähe unseres Tisches, konnte mich aber auf keines der Bücher so richtig konzentrieren.

Meine Mutter fragte den Segler jetzt, warum er nicht mehr verheiratet sei. Ob das an seinem Beruf liege und an der Tatsache, dass er, wie sie vermute, nie zu Hause gewesen sei. Sie stelle sich, sagte sie, seinen Beruf sehr interessant vor, aber nicht unbedingt für ein normales Familienleben mit normalem Alltag geeignet.

Ich glaube nicht, dass das der einzige Grund für unsere Trennung gewesen ist, sagte der Segler. Er verstehe sich mit seiner Frau nach wie vor gut. Auch zu seinen Töchtern habe er ein gutes Verhältnis, die eine arbeite an der Uni in Rotterdam, die andere sei Sozialpädagogin. Beide hätten sie zwei Kinder, er sei also vierfacher Großvater. Wenn er nach Hause komme, treffe er sich mit allen, er habe auch ein gutes Verhältnis zu Rony, dem neuen Mann seiner Exfrau. Karen und er hätten sich irgendwann auseinanderentwickelt. Er sei überzeugt, dass man noch mit fünfzig oder sechzig Jahren ein neues Leben anfangen könne. Manchmal komme es eben anders als gedacht, und man müsse auf diese Zufälle reagieren.

Meine Mutter sagte, dass sie derselben Meinung sei. Sie glaube allerdings nicht an Zufälle. Man bekomme im Leben irgendwann zurück, was man zuvor gegeben habe. Sie zum Beispiel sei jahrelang für alle dagewesen, habe die Familie zusammengehalten, und heute habe sie zwei Söhne, die für sie da seien. Oder zumindest einen. Sie lachte.

Der Segler schaute in meine Richtung. Das freue ihn sehr, sagte er. Meine Frau hat sich damals in Rony verliebt, sagte er dann. Das hatte ich eigentlich schon von Anfang an gemerkt, aber vielleicht wollte ich es mir nicht eingestehen. Sie waren Lehrer an derselben Schule. Sie schob es erst auf mich und darauf, dass ich ständig weg war.

Meine Mutter fragte, was er hier den ganzen Tag mache, während er auf die nächste Expedition warte.

Ich habe keine konkreten Vorhaben, sagte er. Ich laufe herum, besuche die Orte, an denen ich gern bin, plaudere mit Leuten, die ich zufällig kennenlerne.

Wird Ihnen das nicht langweilig?

Bis jetzt nicht.

Ein interessanter Beruf, findest du nicht?, sagte meine Mutter, als sich der Segler entschuldigt hatte, um zur Toilette zu gehen, und ich mich zurück an unseren Tisch gesetzt hatte. Sie würde gerne mal zu so einer Tour aufbrechen. So einen Urlaub im Amazonas, sagte sie, stelle ich mir sehr interessant vor.

Kannst du doch, sagte ich.

So eine Reise mit eigener Kabine und organisierten Mahlzeiten und mit Führungen an den Orten, an denen man anlegt, das würde mir gefallen, sagte sie.

Auf seinem Rückweg von den Toiletten kam Hendrik merkwürdig langsam auf uns zu und berührte mit den Händen hier und da eine Stuhllehne. Ich konnte nicht einschätzen, wie alt er war. Er trug eine graue Hose mit Seitentaschen aus synthetischem, ultraleicht aussehendem Stoff, dazu ein kurzärmeliges Hemd mit Karomuster, an den Füßen Ledersandalen ohne Socken. Sein Bart war, wie mir erst jetzt auffiel, zerzaust und irgendwie schmutzig. Aber seine Gestalt wirkte alterslos, geschmeidig, wie die eines Menschen, der körperlich arbeitete, aber nicht unter Zwang, nicht in strukturellen Abläufen gefangen, die Hunderttausende Menschen täglich genau so vollzogen, sondern als Einzelner, auf den es auf geheimnisvolle Weise ankam. Unter der ledrigen sonnengebräunten Haut seiner Unterarme bewegten sich die Muskeln wie Seile, die durch Klampen liefen. Als er merkte, dass ich ihn beobachtete, lächelte er mir zu.

Meine Mutter erzählte ihm jetzt, als er uns wieder gegenübersaß, dass auch sie in den ersten Jahren ihres Berufslebens Lehrerin gewesen sei. Sie sagte, dass sie nie Lehrerin hatte werden wollen, aber nur diesen Studienplatz bekommen habe, weil man offenbar festgestellt hatte, dass sie geeignet sei.

Als ich dann Lehrerin war, stellte ich fest, dass es mein Traumberuf ist. Ich war sehr gern Lehrerin, und ich bin jeden Morgen gern zu Arbeit gegangen. Später, in Deutschland, musste ich verschiedene andere Jobs machen. Ich habe dem Lehrerberuf lange nachgetrauert. Aber für meine Kinder und meinen Mann habe ich es gern getan. Und in den letzten Jahren, nachdem ich jahrelang als Altenpflegerin und als Putzfrau gearbeitet hatte, weil wir Kinder hatten und eine Wohnung und ab und zu in Urlaub fahren wollten, und als ich die Fortbildung zur Physiotherapeutin abgeschlossen hatte, stellte ich fest, dass ich vieles von dem, was ich am Lehrerberuf geliebt hatte, wieder machen konnte. Beide Berufe erfordern, dass man sich mit Psychologie auskennt. In beiden Berufen muss man sich überlegen, wie man jemandem etwas beibringt, obwohl er oder sie nichts davon wissen will. Am Ende konnte ich also wieder etwas ganz Ähnliches machen wie früher. So ist es, sagte meine Mutter, wohl oft im Leben. Man glaubt, ein bestimmter Lebensabschnitt sei verschwendet, man hätte sich umsonst angestrengt und gekämpft, alles in seine Familie investiert und auf einmal alles verloren – aber dann stellt man ein paar Jahre später fest, dass nichts wirklich verloren geht. Dass alles, was man gemacht hat, wichtig war.

Es freut mich, dass es so für Sie ausgegangen ist, sagte Hendrik.

Ich merkte plötzlich, wie ich ungeduldig wurde. Ich wollte diesem Gespräch nicht mehr folgen, ich wollte aufbrechen, ich hatte die Vorträge meiner Mutter schon so oft gehört, außerdem war mir dieser Hendrik auf einmal etwas suspekt. Und dann fragte er uns auch noch, ob wir Hunger hätten. Er würde uns gern zu einem Stück Pizza in seinen Lieblingspizzaladen einladen.

Als wir zwanzig Minuten später an einer Kreuzung in Greenwich Village zwischen den typischen niedrigen Backsteinhäusern mit ihren schwarzen Feuerleitern in den Laden traten, las ich auf einem Schild neben dem Ofen, an einer Wand mit Fotografien von prominenten Schauspielern, die, ungeschminkt, in Jogginghosen und ausgebeulten Hoodies, neben einem Mann in weißer Schürze posierten, den Schriftzug *According to them – the best pizza in town.*

Die Pizza schmeckte tatsächlich nicht schlecht. Meine Mutter fand es schade, dass wir von dem Laden erst jetzt, an unserem letzten Tag in der Stadt, erfahren hatten.

Nach dem Essen empfing uns die Straße wie der bauchige Pizza-Backofen im Laden. Unsere Spiegelbilder in den Schaufenstern, an denen wir vorbeikamen, waren seltsam verzerrt, sie bogen sich wie Dalís schmelzende Uhren. An einer Kreuzung, die der Sonnenglut schutzlos ausgeliefert war, sah ich ein Mädchen in ein Geschäft treten. Es blieb im Inneren stehen, schaute auf die Straße hinaus und wedelte sich mit beiden Händen Luft zu. Ich spürte den Impuls, sofort selbst in das erstbeste Geschäft zu gehen und für immer in der rettenden Kühle der Klimaanlage zu verharren, keinen Schritt weiter wollte ich in dieser lebensfeindlichen Luft tun. Aber Hendrik und meiner Mutter schien die Hitze, während wir weitergingen, überhaupt nichts auszumachen. Sie beachteten mich nicht mehr wirklich, es schien sie auch nicht zu stören, auf der Sonnenseite der Straße zu gehen.

Wie und wo übernachtet man während einer solchen Schiffsreise?, wollte meine Mutter wissen, während wir eine Kreuzung nach der anderen in Richtung Downtown überquerten.

Auf dem Schiff, sagte Hendrik. In einer gemieteten Kabine.

Und wo isst man?

Auch auf dem Schiff. Es gibt ein Küchenteam. Bei kleineren Touren koche ich selbst. Man kann, wenn wir in einem Hafen anlegen, an Land essen. Es gibt überall Restaurants.

Und was macht man den ganzen Tag auf dem Schiff?

Man entspannt, man schaut übers Wasser, man unterhält sich, man denkt nach. Hauptsächlich langweilt man sich, sagte Hendrik und lachte.

Das würde mir gefallen, sagte meine Mutter.

Er sei schon als Jugendlicher gesegelt, sagte Hendrik. Anfangs wollte er Sportsegler werden. Er war Mitglied in einem Verein und nahm an Meisterschaften teil. Aber dann habe er doch erst mal studiert, Englisch und Geographie.

In den folgenden drei Jahren habe ich als Lehrer gearbeitet, wie du, sagte er. Als sich nach drei Jahren die Schleife des Lehrerdaseins langsam schloss und ich die Gesichter der Schülerinnen und Schüler zu verwechseln begann, ist mir klar geworden, dass ich kein geborener Lehrer bin. So wenig wie ein Familienmensch.

Aber was ist schlecht an der Wiederholung?, sagte meine Mutter. Es sind doch trotzdem jedes Mal andere Schülerinnen und Schüler. Es sind doch immer neue Menschen. Ich habe es sehr interessant gefunden, ihnen beim Erwachsenwerden zu helfen. Und genauso ging es mir mit meiner eigenen Familie. Es passieren ständig neue Sachen im Leben, gerade wenn man Kinder hat. Man arbeitet zusammen, und die Kinder werden älter. Es gibt doch nichts Schöneres als ein stabiles Familienleben. Aber daran muss man natürlich arbeiten. Man hat sich dafür entschieden, und das bedeutet etwas.

Das stimmt, sagte Hendrik. Bei dir klingt das sehr schön.

Er lachte.

Endlich waren wir beim U-Bahn-Eingang neben den Anlegestellen der Staten-Island-Fähre angekommen. Wir hatten den gesamten Financial District durchquert und standen nun an der Spitze Manhattans – Meereswind kühlte meine Stirn, es war ein erleichterndes Gefühl. Ich meinte plötzlich, den Atlantik riechen zu können, und spürte eine Art von Befreiung. Das Wasser vor uns, über dem Möwen standen wie aus der freien Entscheidung heraus, in der

Schwebe zu bleiben, erinnerte mich daran, dass wir bald an der Küste sein würden.

Hendrik hatte sich verabschiedet und ging am Wasser entlang über die Promenade davon, in verlangsamten, vorsichtigen Schritten. Er wirkte jetzt wie ein alter Mensch, der aus irgendwelchen Gründen zu beweglich, zu geschmeidig geblieben war. An einer Bank angekommen, tastete er nach der Lehne und musste sich leicht von ihr abstoßen.

Meine Mutter hatte ihm kurz nachgesehen, dann drehte sie sich zur Bucht und schaute hinaus aufs Wasser. Sie lächelte zufrieden, irgendwie aufgerichtet.

Während der Zug unter dem East River hindurchfuhr, schaute sie nachdenklich durch die Scheibe gegenüber. Dahinter waren schwach beleuchtete Stahlpfeiler und Einbuchtungen zu sehen und Seitengänge, die in die Dunkelheit führten. Wieder in Brooklyn, auf der anderen Seite des Flusses, strömten die Leute zu Dutzenden in den Wagen, und nun standen sie dicht vor uns, und wir blickten auf Beine und Ellbogen.

Am Abend saß meine Mutter auf dem Sofa und cremte sich die Hände ein. Sie lächelte zu mir hoch. Die Schwellungen in ihrem Gesicht waren etwas zurückgegangen. Auch die dunklen Balken unter ihren Augen wirkten wie aufgehellt, aber vielleicht überschminkte sie sie auch. Je länger ich, während ich auf dem Hocker saß und so tat, als würde ich lesen, ihr Gesicht betrachtete, desto deutlicher nahm ich eine Art von Verschiebung darin wahr und auch eine irgendwie unnatürliche Fülle, die Wangen, Nase und Mund plastischer wirken ließ. Etwas von dem Unfall schien sich dem Gesicht meiner Mutter eingeschrieben zu haben. Ich glaubte, vor mir das Wesen meiner Mutter plus die sechs Tage in New York zu erkennen: eine aus ihrem Gesicht nicht mehr wegzudenkende, dauerhafte Veränderung.

Meine Mutter bewegte die Hände ineinander. Die Haut an ihren Fingerknöcheln war, solange ich denken konnte, rissig gewesen. Durch den ständigen Kontakt mit Tensiden in den ersten Jahren in Deutschland, zuerst in der Wäscherei und dann im Altenheim, war meine Mutter allergisch auf Waschmittel und einige Seifen geworden. Ihre Handgelenke waren vom Auswringen der Wäsche und vom Befüllen der großen Maschinen verknöchert. Noch heute hatte sie manchmal Schmerzen in den Fingern.

Ich habe damals alle fünf Minuten meine Hände gewaschen, in einer merkwürdigen Todesangst vor den Putzmitteln, hatte sie mir einmal über unsere ersten Jahre in Bamberg erzählt. Sie habe nie herausgefunden, worauf ihre Hände so reagierten. Ob es an den Mitteln selbst lag oder an der ständig gereizten Haut oder ob es ein genetisches Problem war. Sie vermute, es sei etwas Genetisches.

Die Hände meiner Mutter wirkten, wie sie sie nun vor mir eincremte, gepflegt. Sie cremte sie mehrmals täglich ein. Nun, da sie in Rente war, aber trotzdem noch dreimal in der Woche Patienten und Patientinnen behandelte, weil sie sich, wie sie meinte, sonst langweilte, hatte sie offenbar Zeit, sich noch sorgfältiger um ihre Hände zu kümmern. Die Haut glänzte, und wenn sie manchmal, vorsichtig und immer nur sehr kurz, fast ängstlich, ihre Hand auf meine Hand oder auf meinen Unterarm legte, hatte ich jedes Mal das Gefühl, dass etwas Creme auf meiner Haut zurückblieb, was ein merkwürdiges Gefühl in mir auslöste, Abwehr vielleicht oder sogar Ekel, auch jetzt wieder, der aber sofort in ein ebenso merkwürdiges Mitgefühl kippte, in eine mich tief treffende und unauflösbare Zuneigung zu ihr.

Ich creme nur schnell meine Hände ein, sagte meine Mutter. Entschuldige bitte, ich bin gleich so weit. Ich weiß, dass dir das unangenehm ist.

Ich habe überhaupt nichts dagegen, sagte ich.

Meine Mutter lächelte entschuldigend zu mir hoch.

In der Küche schenkte ich mir Wasser ein und setzte mich. Durch die Glastür konnte man in den Garten sehen, der von einem Lattenzaun gesäumt und von ein paar Wäscheleinen zerteilt wurde. Der Küchentisch bot Platz für zwei Stühle. Ich ließ meinen Blick über die Hängeschränke oberhalb der Spüle schweifen und stellte mir vor, dass ich hier nun alleine in einer stillen Wohnung saß und nachdachte, vielleicht etwas notierte.

Nebenan ließ meine Mutter mit einem Klacken den Deckel der Cremetube zuklappen.

Ich freue mich aufs Meer, rief sie herüber. Ich denke, dass wir uns beide endlich entspannen und erholen werden. Was meinst du?

Das denke ich auch, rief ich zurück.

Der Kühlschrank brummte. Ich stand auf und holte ein zweites Glas aus dem Schrank, befüllte es mit Wasser und ging wieder zurück ins Wohnzimmer.

II

Am Morgen unserer Abreise klopfte Dale an unsere Tür und überreichte mir einen Zettel mit der Adresse seiner Cousine Maurice in Camden. Wenn wir wollten, könnten wir bei ihr wohnen. Sie hatte uns offenbar zu sich eingeladen, worüber meine Mutter sich sehr freute, es schien wirklich ein glücklicher Zufall zu sein.

Wir verabschiedeten uns von Dale, Felice, Mariella und von unserer Wohnung, die ich jetzt schon vermisste, und gingen mit den Koffern los. Am Flughafen angekommen, war ich bereits nassgeschwitzt und vollkommen abgekämpft. Ich schrieb Noam, dass ich mich vor unserem Abflug, da wir nach der Rückkehr noch einen halben Tag Wartezeit in der Stadt haben würden, bei ihm melden würde. Meine Mutter stand neben mir in der Schlange vor dem Schalter des Autoverleihs und wirkte ebenfalls erschöpft, aber trotzdem irgendwie frisch.

Wir brauchten fast zwei Stunden, um aus der Stadt herauszukommen. Ständig bog ich falsch ab, weil mir das Navigationsprogramm auf meinem Telefon zu spät sagte, in welche Spur ich mich einordnen solle. Ich war jedes Mal gerade damit beschäftigt, mich einzufädeln und die Autos um mich im Blick zu behalten, sodass ich zu spät reagierte und die Ausfahrt verpasste.

Ist doch nicht schlimm, sagte meine Mutter, weil ich mich darüber ärgerte.

Wir überquerten mehrere lange Brücken, links von uns tauchte das Yankee-Stadion in der Bronx auf. Zu unserer Rechten erstreckte sich ein Komplex aus heruntergekommenen weißen Hochhäusern. Dann wurden die Häuser niedriger, gaben den Blick frei auf Buchten, in denen Boote und Fischkutter lagen.

Eine halbe Stunde später hatten wir den Staat New York verlassen, an uns zogen die Eichen- und Buchenwälder von Connecticut vorbei, so hellgrün, als sei gerade erst der Frühling angebrochen. Die Fahrbahn wellte sich, wir fuhren lange Zeit einen sanften Hügel hinauf, dann wieder in eine Mulde hinab.

Mein Telefon hatte uns, obwohl wir eigentlich zum Hudson River wollten, durch Connecticut geschickt. Jetzt sagte es, dass wir die nächste Ausfahrt nehmen und wieder zurück Richtung Westen fahren sollten. Ich hatte Poughkeepsie am Hudson eingegeben, wo es eine Brücke auf die andere Seite in Richtung der Catskill Mountains gab, für die ich mich interessierte. Ich spürte, wie ich mich wieder zu ärgern begann.

Wir fuhren auf eine Raststätte. Meine Mutter bot an, dass sie hineingehen und uns Kaffee und Wasser kaufen könne, ich solle mich derweil etwas ausruhen.

Ich sagte ihr, dass ich nicht müde sei, aber meine Mutter bestand darauf und verschwand im Raststättengebäude. Währenddessen schickte ich, gegen das Dach unseres weißen Daihatsus gelehnt, ein paar Fotos an Laura und meinen Vater, an der Raststätte gab es ein kostenloses WLAN-Netz. Ich fragte Laura, ob sie sich noch erinnere. Klar!, schrieb sie zurück. Wir waren damals, auf unserer New-York-Reise, einen Tag lang mit einem Auto aus der Stadt herausgefahren.

Ein leichter Wind bewegte die Bäume hinter der Raststätte. Als meine Mutter zurückkam, schob sie einen Kaffeebecher und eine Flasche Wasser übers Dach zu mir rüber und lächelte mir aufmunternd zu.

Wieder auf dem Highway, verstaute meine Mutter ihre Wasserflasche in der Tüte im Fußraum. Die Plastiktüte, die sie nach unserem Losfahren zur Mülltüte erklärt hatte, arrangierte sie auf der anderen Seite, zwischen Sitz und Tür. Dann wischte sie mit einem Taschentuch über die Ablage unter der Windschutzscheibe und über die Fläche am Radio.

Ich beschleunigte und fädelte mich in den Verkehrsstrom ein.

Ich freue mich, endlich unterwegs zu sein, sagte meine Mutter. Wenn wir in Maine sind, müssen wir unbedingt einen dieser Leuchttürme besichtigen. Auf dem Weg soll es viele historische Fischerorte geben, noch von den ersten Siedlern. Die werden wir hoffentlich auch sehen.

Ich freue mich auch, sagte ich.

Du wirst auch Entspannung brauchen, sagte meine Mutter. Die letzten Tage waren für uns beide anstrengend.

Nach einer Weile verließen wir den Highway. Um uns wechselten sich jetzt Weiden und Waldstücke ab. Wir fuhren durch eine Ortschaft, in deren Mitte eine rote Holzkirche stand. Im Zentrum kamen wir an einem Restaurant in einer umgebauten Scheune vorbei, an deren Fassade auf zwei Bannern Steaks beworben wurden. Als wir die Ortschaft schon verlassen hatten, stand plötzlich, mitten im Nirgendwo, ein einzelnes Haus: Bob's Tanzschule.

Wir hielten an einer Tankstelle, und ich zeigte meiner Mutter in meinem Telefon, wohin wir fuhren. Während ich so neben ihr stand, merkte ich plötzlich, dass mir die Knie weich wurden. Von der Straße drang das Rauschen der Autos zu uns. Ich musste mich auf ein Rasenstück setzen.

Ich hatte meiner Mutter erzählt, dass am Hudson River viele alte Anwesen von New Yorker Millionärsfamilien standen, den Vanderbilts und Rockefellers. Der Hudson muss schon ganz in der Nähe sein, sagte ich zu ihr. Ich lächelte zu ihr hinauf.

Das denke ich auch, sagte meine Mutter.

Und plötzlich tat sie mir leid. Für sie mussten der Unfall und die Woche in New York noch viel schlimmer gewesen sein.

Es war Mittag, als wir nach Poughkeepsie kamen. Wir warteten, nachdem wir am Ortsschild vorbeigefahren waren, dass die Stadt beginnen würde. Aber sie begann nicht, es handelte sich, so dachte ich, während an uns ein einzelnes weißes Holzhaus mit Veranda vorbeischwebte, dann Weideflächen, dann eine Backsteinhalle, dann wieder Weideflächen und dann ein einzelnes gelbes Holzhaus mit Veranda, um eine endlos scheinende Addition, die sich nirgends zur Stadt verdichtete. Dann plötzlich erreichten wir eine Straße, in der die Häuser direkt aneinander anschlossen. Ich hielt an einem Zebrastreifen neben einer Bankfiliale, um eine Frau mit Kinderwagen und einem Mädchen mit zwei schwarzen Zöpfen an der Hand über die Kreuzung zu lassen. Es folgte ein Platz, darauf ein großes Backsteingebäude mit Turm, das einer weißen Aufschrift zufolge die Town Hall war. Zweistöckige Häuser säumten die Hauptstraße. Einige hatten eingeschlagene Fenster. An den Fassaden schuppte sich die Farbe ab.

Wir kamen an einer weiß leuchtenden Holzkirche auf einer Rasenfläche vorbei. An einer Ampel bildete ich mir ein, durch das offene Fenster den Fluss riechen zu können.

Die Menschen, die sich zu Fuß durch die Mittagshitze bewegten oder aus einem Geschäft kamen, waren, wie mir nach und nach bewusst wurde, alle schwarz. Vor einem Gebäude, dessen Tür und Schaufenster mit Brettern vernagelt waren, standen drei schwarze Frauen mit Kinderwagen. Ein Stück weiter, auf einer Bank, saß ein grauhaariger schwarzer Mann.

Wir fuhren durch eine Art Industriegebiet. An einer Backsteinmauer lehnten Männer, als warteten sie auf etwas. Sie standen einzeln oder höchstens zu zweit an die Mauer gelehnt und drehten, als wir langsam an ihnen vorbeirollten, ihre Köpfe unendlich langsam mit uns mit. Ich fuhr auf den Parkplatz vor einem Supermarkt, auf dem ein einziges Auto parkte. Einer der Hinterreifen fehlte, die Felge saß auf Backsteine gestützt.

In den Scheiben neben dem Eingang, wo wir uns einen Einkaufswagen nahmen, hingen Pappkartons. Auf ihnen waren Zahlen übergroß aufgedruckt, ohne dass man wusste, zu welchem Produkt sie gehörten. Auf einem der Schilder stand, mit Kugelschreiber mehrfach nachgezogen, dass Cornfingers nur 39 pence/lbs kosteten, und dahinter: *Buy 2, get 1 free.*

Wir brauchten Wasser. Eigentlich könnten wir, sagte meine Mutter, gleich richtig einkaufen, für ein paar Tage, damit wir für alle Fälle etwas im Auto haben. Es ist gut, sagte sie, wenigstens ein paar Müsliriegel im Auto zu haben.

Die Tür ging vor uns mit einem Quietschen auf, und wir traten in eine Luft, die genauso heiß und stickig war wie die draußen, was mich in dem Moment bestürzte. Die Kassen waren unbesetzt, nirgends in den Gängen zwischen den Regalen war ein Mensch zu sehen.

Ich schob den Wagen auf ein Drehkreuz aus Metall zu, an großen blauen Gasflaschen vorbei, die am Fenster standen. Daneben lehnten Rollen mit PVC-Bodenbelag in staubiger Plastikfolie. Hinter dem Drehkreuz standen statt der Gemüseauslagen, die ich erwartet hatte, Wühltische mit Kleidung und Schreibwaren, die merkwürdig scharf nach Plastik rochen. Meine Mutter wollte sich hier kurz umschauen, ich solle doch schon das Wasser suchen, sagte sie.

Sie stellte sich an einen der Tische und begann, Kleidungsstücke in die Hand zu nehmen. Shopping, sagte sie und zwinkerte mir zu.

Ich schob den Wagen, der mir nun seltsam leicht vorkam, aber doch störrisch zu sein schien – andauernd klackte eines der Räder und drallte quietschend nach links –, auf die Regale zu. Ich bog ein Mal ab und kam an Sechserpackungen gelber und blauer Limonade vorbei. Im nächsten Gang waren die Regalfächer zu meiner Linken leergeräumt. Zu meiner Rechten lagen auf allen Ebenen kindskörpergroße Packungen mit Maisfingern. Auf der ganzen Regallänge Würmer hinter Plastik – ich ging an ihnen entlang und meinte, ihren staubigen, neutralen Geschmack auf der Zunge zu spüren, unaufdringlich und absolut vernachlässigbar, und doch wurde ein merkwürdiges Verlangen nach genau diesem Geschmack in mir wach.

Als ich um die Ecke in den nächsten Gang bog, kniete vor einem der Regale eine Frau.

Sie trug ein weißes Polohemd, das sich gegen ihre dunkle Haut grell abzeichnete, und hantierte mit einer Etikettierpistole, wobei sie laut keuchte.

Als sie mich bemerkte, richtete sie sich auf und lächelte mich schwer atmend an.

You gotta get down and dirty, baby, that's my favourite part of the thing, sagte sie und lachte.

Ich sagte Hallo und fragte, wie es ihr ging.

Danke, sagte sie. Es geht mir sehr gut.

Sie fragte, wie es mir gehe, und ich sagte, auch mir gehe es gut.

Kann ich Ihnen helfen?

Ich fragte nach Wasser.

Ob ich destilliertes Wasser meinte.

Ich sagte, dass ich Trinkwasser meinte.

Die Getränke befinden sich einen Gang in diese Richtung, sagte sie und zeigte in Richtung des Gangs, aus dem ich gerade gekommen war. Sie nannte mich dabei Sir, was mir angesichts unseres vergleichbaren Alters etwas unangenehm war.

Da war ich gerade, sagte ich.

Dann müssten Sie sie gesehen haben, sagte sie.

Ich suche bloß Wasser, sagte ich.

Sie nickte, und ihr Gesicht nahm einen Ausdruck an, der zeigte, dass ich ein reales Problem ansprach, dessen sie sich bewusst war.

Wir haben leider kein Wasser, sagte sie. Wenn ich durstig sei, sagte sie mit abgesenkter Stimme, empfehle sie mir den Kühlschrank bei den Kassen. Dort stehe ein Getränk namens *Flying Star*, das am ehesten an Trinkwasser erinnere und das sie hier in Notfällen trinke, wenn ihr das von zu Hause mitgebrachte Wasser ausgehe.

Es tue ihr sehr leid, sagte sie noch und lachte. So sei das hier in Poughkeepsie. Ich solle lieber weiter flussabwärts fahren. Oder Richtung Albany im Norden, nach Hudson, wo die Städter an den Wochenenden wohnten.

Meine Schwester und ich kaufen in Hudson ein, sagte sie.

Das klingt gut, sagte ich.

Ich zeige Ihnen den *Flying Star*, sagte sie. Er schmeckt nicht schlecht. This is your best shot, sagte sie.

Ich ging hinter ihr her. Sie ging seltsam schleppend, ihre Beine knickten x-förmig ein, obwohl sie ziemlich schlank war. Sie hieß laut dem Namensschild an ihrem Hemd Audre.

Als wir bei den Kassen ankamen, sah ich in einem der entfernten Gänge ein weiteres Regal, das auf allen Ebenen mit Maisfingerpackungen gefüllt war. Ich verspürte plötzlich eine aufdringliche Lust auf Maisfinger, die jedem diese Lust relativierenden Vernunftgedanken widersprach. Es war, so meinte ich, ein urtümliches Hingezogensein zu etwas, was jeder Mensch mochte. Obwohl ich gleichzeitig wusste, dass es eine gemachte Lust war, eine aufgesetzte.

Aber das kann gar nicht sein, dachte ich dann. Man kann mir nicht einreden, worauf ich Lust haben soll. Man kann sich höchstens eine Lust zunutze machen, die ohnehin da ist. Und wer bin ich schon, mich über diese Lust auf Maisfinger erhaben zu fühlen.

Wo kommen Sie her?, fragte mich Audre.

Ich erzählte ihr, dass ich aus Deutschland kam und mit meiner Mutter eine Reise machte.

Sie sollten sich die Brücke über den Hudson anschauen, sagte sie.

Ich nahm eine federleichte Packung Maisfinger aus dem Regal, dazu holte ich aus dem Kühlschrank neben der Kasse eine Flasche *Flying Star*. Als ich die Kühlschranktür öffnete, kam mir ein Schwall kalter Luft entgegen. Der Kühlschrank schien der einzige Ort im Laden zu sein, in dem es kühle Luft gab. Meine Mutter war mit Toastbrot und einer Packung Maisfingern im Arm aus einem der Gänge getreten und stellte sich zu mir.

Ach, da ist Ihre Mutter, sagte Audre. Oh nein, was ist mit Ihrem Gesicht passiert?

Es ist nicht so schlimm, sagte meine Mutter und erzählte ihr, was passiert war.

Ich sagte, dass der Unfall meiner Mutter mich sehr erschreckt habe.

Tut mir leid, sagte Audre und schaute meine Mutter ehrlich mitfühlend an.

Sie tippte die Preise ein. Das Kassenband, auf dem unsere Sachen lagen, bewegte sich nicht. Mir fiel, während sie tippte, auf, dass sie ein Tattoo auf dem Unterarm trug. Es war ein Schriftzug, der lautete: *Don't bore me!*

Auf die Brücke gelangte man über eine Serpentine, wie auf einen Berg. Neben uns spannten sich Stahlbögen, zwischen denen man tief unten die Erde sehen konnte, von der wir abgehoben hatten, sowie den Fluss und miniaturartige Häuser.

Der Hudson, von dem ich wusste, dass er in den Adirondack Mountains, einer Hügelkette im Nordwesten des Bundesstaates New York, als Quelle in einem See mit dem Namen *Tear of the Clouds* entsprang, war gigantisch. Er floss breit und träge unter uns dahin und glitzerte in der Sonne. So fuhren wir eine Minute, vielleicht auch länger, dann versanken die Stahlbögen wieder in der Fahrbahn und waren verschwunden. Um uns stiegen plötzlich Felsen aus dem Boden, eine Art Schlucht, an deren Ende eine völlig neue Landschaft begann. Die Straße führte bergab in einen Wald, links öffneten sich Wiesen, rechts unter uns wand sich der Hudson durch sein bewaldetes Tal. Die Stadt und die Brücke waren hinter einer Biegung verschwunden.

Nachdem wir eine Weile durch Wälder und über sonnige Weideflächen gefahren und auf gut Glück von der Hauptstraße auf eine kleinere Straße abgebogen waren, erhoben sich um uns die bewaldeten Hügel der Catskill Mountains. Plötzlich passierten wir ein Ortsschild, auf dem *Woodstock* stand.

Ob es möglicherweise das wegen des Festivals bekannte Woodstock sei?, fragte meine Mutter. Aber ich sagte, dass ich das nicht glaubte. Man wüsste doch, dass es hier ist, sagte ich.

Hinter dem Schild war, direkt an der Straße, ein weißes Holzhaus mit Veranda aufgetaucht. Vor einer roten Scheune standen Stühle und Tische und Kommoden aufgestapelt, zwischen denen Leute herumgingen, dann empfing uns wieder Wald.

Ich fragte meine Mutter, ob sie sich damals eigentlich

für das Festival interessiert, ob man in Osteuropa davon erfahren habe. Ich erinnerte mich, dass mein Vater es später in Deutschland eines Nachts aufgenommen und meinem Bruder und mir begeistert vorgespielt hatte; dass er es noch heute, wenn es im Fernsehen ausgestrahlt wurde, jedes Mal anschaute.

Ich habe mich nicht so sehr dafür interessiert, sagte meine Mutter. Ich fand die Lieder von Joan Baez gut. Die ganze andere Musik, Jimi Hendrix, The Who, alles, was dein Vater und die anderen mochten, war mir zu viel Lärm. Aber ja, man wusste natürlich davon. Man wusste alles, man lebte doch in derselben Welt.

Der Wald öffnete sich auf eine Weide hin, darauf eine Herde Schafe. Rechts von uns weiteten sich die hügelige Landschaft und der leuchtend grüne Rasen zu einem Golfplatz.

Etwas später hielten wir vor einem Laden, meine Mutter ging hinein, um Wasser zu kaufen, während ich im Auto blieb und auf sie wartete. Auf der anderen Straßenseite war ein Café, auf dessen Veranda eine einzelne Frau mit langem grauem Zopf saß und zu mir herüberschaute. Dem Schild über ihrem Kopf entnahm ich, dass es sich bei dem Café zugleich um *Monica's Yoga School* handelte. Aus der Tür trat ein junger Typ, nicht älter als zwanzig, mit Schnurrbart und nacktem Oberkörper, der sich auf den Stuhl zur anderen Seite der Tür setzte und dichten Dampf aus seiner E-Zigarette in die Luft vor sich entließ.

Innerorts durfte man nur fünfzehn Meilen pro Stunde fahren – 25 km/h –, also rollten wir nun wie in Zeitlupe durch dieses Woodstock. Vor einem Geschäft hingen aufblasbare Gummitiere unter einem Vordach. Vor einem anderen stand eine Eistheke. Es folgten drei Geschäfte mit Fotos von Immobilien im Schaufenster und daneben die Ulster Savings Bank. Vor einem Geschäft mit dem Namen *Woodstock Art Supply* standen Staffeleien und darauf weiße Leinwände.

Wir fanden ein Motel auf einer Hügelkuppe in der Nähe der Ortschaft Tannersville. Es war an einer Straße gegenüber einer Tankstelle gelegen und hieß *Tannersville Inn*. Nachdem ich mit dem Mann an der Rezeption die Formalitäten geklärt hatte, fuhren wir auf den Parkplatz vor unser Zimmer. Das Zimmer lag im ersten Stock. Im Parterre saßen vereinzelt Leute in den Türen und schauten auf den Parkplatz hinaus. Beim Aussteigen entdeckte ich eine Familie mit zwei Kindern. Sie saßen im Türrahmen zusammengedrängt, schauten auf die Motorhaube ihres Minivans und aßen Sandwiches. Vielleicht waren sie den ganzen Tag gefahren, ihr Auto hatte ein Kennzeichen aus dem Staat Georgia. Unter ihrer Motorhaube knackte es noch.

Auf einmal konnte ich gut nachvollziehen, dass sie sich nicht weit von ihrem Auto entfernen wollten. Als meine Mutter und ich die Koffer aus dem Kofferraum holten, strauchelte mein Körper gegen unseren Daihatsu, als würde er davon angezogen. Es kam mir so vor, als sei das Auto plötzlich eine Verlängerung meiner selbst, als dauere die Autofahrt noch an.

Meine Mutter nahm das Bett am Fenster, ich das an der

Wand. Es gibt einen Fernseher, sagte sie. Und sogar ein Telefon.

Wir hatten die Sachen im Zimmer abgelegt. In mir begann sich so etwas wie Entspannung zu regen, eine angenehme Schwere der Glieder. Meine Mutter öffnete ihren Koffer, sie schob ihn gegen die Wand neben ihrem Bett, wie um im Zimmer Platz zu schaffen. Sie inspizierte das Bad, wickelte die Seife aus dem Zellophan, legte die Handtücher auf zwei Stapel und schärfte mir ein, dass der Stapel näher an der Wand meiner sei, der andere ihrer.

Sie setzte sich an den Tisch neben dem Fernseher und schaute etwas im Zimmer umher, dann auf ihr Telefon. Dann stand sie wieder auf.

Es ist noch früh, sagte sie. Ich kümmere mich mal um das Auto.

Warum?, fragte ich. Ich hatte mich auf mein Bett gesetzt und war gerade dabei, mir die Schuhe auszuziehen.

Ich will etwas aufräumen, sagte sie. Den Müll entsorgen.

Ich stand wieder auf und folgte ihr, sah zu, wie sie die Treppe zum Parkplatz hinunterstieg. Sie öffnete die Beifahrertür und tauchte zur Hälfte ins Innere ab. Ich sah ihren Po aus dem Auto ragen, dann kam sie mit unserer Plastiktüte und zwei leeren PET-Flaschen wieder aus dem Fußraum. Sie warf sie in eine Mülltonne neben der Säule an unserer Treppe. Dann öffnete sie den Kofferraum und beugte sich hinein. Ich hörte es im Inneren klappern. Sie ging weiter zur Fahrerseite, öffnete die Tür und wischte mit der Hand etwas vom Fahrersitz.

Ich stieg die Treppe hinab und kam um das Auto herum.

Ich schaffe nur etwas Ordnung, sagte meine Mutter und machte, während ich mich neben sie stellte, die Tür wieder zu. Schon fertig, sagte sie und lächelte mir zu.

Ich folgte ihr die Treppe hinauf und ins Zimmer.

Willst du dich nicht etwas ausruhen?, fragte sie. Du bist den ganzen Tag gefahren.

Sie setzte sich wieder an den Tisch. Wir müssen einen Laden finden, sagte sie. Wir brauchen wieder Wasser und etwas fürs Abendessen.

Sie war schon wieder aufgestanden, ging zu ihrem Koffer neben dem Bett und schob ihn an der Wand entlang gegen die Kommode neben der Eingangstür. Sie nahm eine Hose und ein T-Shirt heraus und legte sie über die Stuhllehne, offenbar in Vorbereitung auf den nächsten Tag. Sie setzte sich wieder zurück an den Tisch und schaute im Zimmer umher.

Wir hatten beschlossen, zum Abendessen in den Diner an der Raststätte gegenüber zu gehen. Als ich auf der Balustrade vor unserem Zimmer stand, schien mir die Straße vor dem Motel auf einmal einem Albtraum zu entstammen. Es rauschte, wenn man oben vor der Tür zu unserem Zimmer am Geländer stand, unablässig aus Richtung der Straße, auch wenn kein Auto zu sehen war. Es war die Potenzialität von Verkehr, die ständig, ohne Pause, in der Luft lag.

Kurz darauf standen wir am Straßenrand, und es fuhr – plötzlich und ohne Vorwarnung – ein Auto vorbei, direkt danach das nächste. Die Lücke zwischen den Autos war immer zu klein, als dass man sich hätte trauen können loszugehen. Dann, als kein Auto kam und ich dachte, dass wir jetzt losgehen könnten, als ich endlich überzeugt war, dass wirklich keines kommen würde, und schon losgehen wollte, tauchte doch wieder eines auf. Die Tankstelle und der Diner auf der anderen Straßenseite schienen unerreichbar.

Meine Mutter lehnte sich gefährlich weit über den Seitenstreifen hinaus und schaute in Richtung der Kurve zu unserer Linken und zum Wald zu unserer Rechten.

Warte, sagte ich.

Warum denn?, sagte sie über die Schulter.

Stopp, rief ich und eilte ihr hinterher.

Die Straße ist leer, sagte sie, als ich schwer atmend am anderen Fahrbahnrand neben ihr angekommen war.

Tatsächlich war nirgends ein Auto zu sehen. Man hörte nur das Zirpen der Grillen aus dem Graben am Straßenrand. Der Kies knirschte unter unseren Füßen, als wir den Parkplatz vor dem Diner betraten. Unter dem Dach zwischen den Zapfsäulen war kein Mensch zu sehen, weit hinten, am anderen Ende des Parkplatzes, stand ein einzelner Truck mit vornübergekippter Kabine.

Die Türglocke schellte. Ich zählte drei einzelne Personen vor den Kühlregalen. Von der Decke plätscherte Musik. Wir kauften Milch und Toast und drei Äpfel.

Das sind die letzten, sagte der Junge hinter der Theke und schaute die hellgrünen Äpfel vor sich seltsam zärtlich an.

Wir traten durch eine Tür vom Tankstellenshop in den Diner. Ich bestellte ein Mineralwasser und einen Cheeseburger. Meine Mutter bestellte ein Sandwich mit Salat und dazu einen Krautsalat.

Könnte ich dazu ein Bier bekommen?, fragte sie.

Kein Problem, sagte die Bedienung.

Du trinkst doch gar kein Bier, sagte ich.

Ich habe aber jetzt Lust auf eines, sagte meine Mutter.

Nach dem Essen traten wir wieder an die Straße. Meine Mutter schaute nach links und nach rechts. Die Sonne war hinter dem Wald verschwunden und ließ dort einen rosa Schleier zurück, über uns spannte sich ein noch immer blauer Himmel. Die Fahrbahn sah aus, als sei sie seit Tagen nicht benutzt worden. Es roch plötzlich scharf nach Heu oder Gras oder Stroh, die ganze Landschaft um uns atmete. Nach der Hitze New Yorks hatte ich das Gefühl, dass ich erst jetzt frei atmen konnte.

Ich erwachte mit dem Gefühl, verschlafen zu haben. Als ich auf mein Telefon schaute, war es sechs Uhr, von draußen fiel ein noch schwaches Licht ins Zimmer, die Tischplatte und der Fernsehbildschirm glänzten matt. Das Bett meiner Mutter war gemacht. Sie saß am Tisch neben dem Fernseher, angezogen, den Koffer neben sich, darauf das Sonnenvisier und ihre Sonnenbrille. Das Buch über die Ostküste lag aufgeschlagen vor ihr auf dem Tisch.

Du bist schon wach?, sagte sie.

Sie sei an der Rezeption gewesen. Der Frühstücksraum sei seit einer Stunde auf, aber, wie gesagt, könne ich ruhig noch etwas schlafen.

Ich stand auf und suchte meine Kleidung zusammen, während sie erzählte, sie habe einen kurzen Spaziergang durch den Wald hinter dem Motel gemacht, um zu schauen, ob es Pilze gebe, es sei nämlich ein Wald, der wie gemacht aussehe für Pilze, und es gebe Jahre, das wisse ich ja hoffentlich noch, da wüchsen vor allem Steinpilze bereits im Sommer, bevor sie dann im Herbst in großen Mengen aus dem Boden sprössen.

Ich duschte und zog mich an. Als ich aus dem Bad kam,

stellte ich fest, dass mein Koffer gepackt war, die Kleidung darin war ordentlich gefaltet.

Du hast viel zu viel dabei, sagte meine Mutter. Wofür brauchst du das alles?

Im Frühstücksraum stand meine Mutter lange vor den Spendern mit den Cornflakes und den Müslis. Sie drehte an einer der Kurbeln, es rutschte eine Ladung Cornflakes in ihre Schale. Sie drehte noch einmal, eine weitere Ladung rutschte aus dem Spender. Sie schüttelte belustigt den Kopf.

Plötzlich erinnerte sie mich an meinen Opa, ihren Vater, der früher auf dem Küchentisch seine Werkstatt aufgebaut und Radios oder Toaster repariert hatte. Ich musste an diese beiden Großeltern denken, die Eltern meiner Mutter. Ich kannte diese Unruhe, es war dieselbe Unruhe, die um meine Oma war, die noch in unserer Heimatstadt lebte. Sie konnte, wenn ich sie besuchte, kaum ruhig sitzen, immer bewegte sie sich vom Wohnzimmer in die Küche und zurück, brachte dies oder jenes, zeigte mir Gegenstände oder Fotos oder servierte etwas zu essen.

Möchtest du Cornflakes?, fragte meine Mutter, zurück am Tisch.

Nein danke, sagte ich.

Warum nicht?, sagte sie. Ich hab hier ziemlich viele.

Ich mag keine Cornflakes, sagte ich.

Ich auch nicht, sagte sie und lachte.

Es stellte sich heraus, dass sie schon im Zimmer gefrühstückt hatte. Sie saß mir gegenüber und sah zu, wie ich eine Scheibe Toastbrot mit Butter bestrich. Dann stand sie auf und zog mit einer einzigen Bewegung, als hätte sie es jahrelang geübt, die Teleskopgriffe an unseren Koffern synchron heraus, mit einem einzigen Klicken.

Ich warte dann im Auto, sagte sie. Aber lass dir bitte Zeit, wir haben es nicht eilig.

Sie ging mit beiden Koffern zur Tür, wo ein älterer Herr, der gerade den Frühstücksraum betrat, das Fliegengitter für sie aufhielt und ihr einen guten Morgen wünschte.

Die Catskill Mountains waren bewachsen von Nadelwäldern. Immer wieder eröffneten sich gerodete Flächen, auf denen Baumstümpfe in der Sonne leuchteten. Zwischen den Kratern der herausgerissenen Wurzelstöcke wuchs hier und da Fingerhut mit violetten oder rosa Blüten. Mir gefiel diese Landschaft. Es duftete nach Harz. Manchmal schimmerte irgendwo im Wald ein Haus durch. Dann fuhren wir wieder zwischen Weiden und Feldern. Meine Mutter hielt das Gesicht aus dem Fenster und atmete ein. Schön hier, findest du nicht?, sagte sie.

In einem Ort namens Pinebrook setzten wir uns an einen Tisch vor einem Café. Am Nebentisch saß ein junges Paar mit einem etwa fünfjährigen Jungen. Sie sprachen Italienisch. Der Mann hatte stark heruntergekaute Fingernägel. Er war sportlich gebaut, hatte aber eine beginnende Glatze und dünnes Haar. Sein Bartansatz wiederum reichte von den Wangen, von fast unter den Augen eigentlich, bis unter den T-Shirt-Kragen.

Seine Frau war wohl das, was allgemein als schön und anziehend galt. Ihr Haar war lang und kräftig, irgendwas zwischen blond und braun, ein Honigton mit helleren Strähnen darin. Auch war sie schlank, hatte schmale Hände mit feingliedrigen Fingern, deren Nägel gepflegt wirkten, und sie hatte ein intelligentes Lächeln.

Mein erstes Gefühl war das eines Verliebtseins, wie ich es aus meiner Jugend kannte, als ich oft in Mädchen verliebt gewesen war, die anzusprechen ich mich nicht traute, eine Verliebtheit aus der Ferne.

Etwas an der Familie berührte mich. Die Frau beugte sich zu dem Jungen rüber und schob ihm eine Haarsträhne aus der Stirn. Er wand sich, versuchte sich dagegen zu wehren. Sie sagte etwas, ein einzelnes Wort, das sie auf der mittleren Silbe betonte, so enthusiastisch, dass ich meinte, sie werde dabei gleich auf den Boden stampfen. Mir schien, dass sie den Jungen Paolo nannte. Er schüttelte den Kopf und schmollte, antwortete dann doch – in einem weichen, melodiösen Tonfall, woraufhin der Mann auflachte und ihn kurz und fest an sich drückte.

Bald hatten wir die Catskill Mountains verlassen und fuhren wieder Richtung Osten. Wir überquerten den Hudson erneut, und nach einer Weile passierten wir die Grenze zu Massachusetts. Wir blieben auf den Landstraßen, kamen durch Dörfer, die keine Zentren zu haben und nur aus verstreut liegenden Privatgrundstücken zu bestehen schienen.

Während wir fuhren, erzählte meine Mutter mir von ihrer ehrenamtlichen Tätigkeit bei *pro familia*, für die sie ein Mal in der Woche auf die Kinder von alleinerziehenden Müttern oder von benachteiligten Familien aufpasste. Sie erzählte auch von einer ihrer Freundinnen, Christine, die eigentlich aus Thüringen stammte, aber in den 1990er-Jahren zum Studieren nach Bamberg gekommen war, wo sie ihren Mann kennengelernt hatte, mit dem sie heute gemeinsam ein Geschäft für Sportartikel führte.

Das meiste Geld verdient sie aber damit, sagte meine Mutter, dass sie mit allem Möglichen auf Amazon handelt. Ihr erfolgreichster Artikel ist ein Wasserkocher, den sie über eine chinesische Handelsplattform bezieht. Sie verkauft fünfzig Stück pro Tag, interessant, oder?, sagte meine Mutter. Sie kauft sie für sieben Euro pro Stück ein und verkauft sie für 39.

Meine Mutter sagte, Christine sei etwas egoistisch, sonst aber eine sehr gute Freundin. Als ihr Laden vor ein paar Jahren vor dem Bankrott stand, habe sie öfter auf ihre zwei Kinder aufgepasst.

Es ist sehr wichtig, sich gegenseitig zu helfen, sagte meine Mutter. Meine Freundinnen, allen voran Theresa, die du ja auch kennst, haben mir sehr geholfen, in der Zeit vor zwanzig Jahren, als es mir schlecht ging. Sie war wirklich für mich da.

Um uns erstreckten sich wieder Felder. Manchmal führte die Straße durch ein Waldstück. Oft sah man an der Einfahrt zu einem Waldweg einen Briefkasten am Straßenrand stehen.

Meine Mutter legte, während sie sprach, mal die Hände auf die Oberschenkel, dann wieder stützte sie sich mit dem Ellbogen am Fensterrahmen ab. Sie beugte sich vor, hob die Tüte mit unserem Proviant an und stellte sie neben dem anderen Bein ab. Sie nahm die Wasserflasche aus dem Fußraum und klemmte sie zwischen Sitz und Tür. Sie setzte ihre Sonnenbrille ab und steckte sie in das Etui, das sie in das Seitenfach an der Tür schob. Sie wirkte, wie sie so neben mir auf dem Beifahrersitz nicht zur Ruhe kam, als wäre sie gefangen.

Nach einer Stunde Fahrt bat sie, ob wir nicht kurz anhalten könnten. Ich bog in einen Waldweg und parkte. Wir stiegen aus, und meine Mutter begann, Dehnübungen zu machen.

Gehen wir etwas spazieren?, sagte sie.

Es ist ein Privatweg, sagte ich.

Es ist ein normaler Wald, sagte meine Mutter.

Du hättest es doch auch nicht gern, wenn plötzlich jemand über dein Grundstück gehen würde, sagte ich.

Wir gehen doch nur etwas spazieren, sagte meine Mutter.

Das macht man hier, glaube ich, nicht, sagte ich.

Was heißt das, sagte meine Mutter. Dann sind wir eben die Ersten, die es machen.

Ich weiß nicht, sagte ich.

Meine Mutter seufzte. Na gut, sagte sie. Wie du meinst.

Sie stieg wieder ein, und wir fuhren weiter.

Wir waren eine Weile gefahren, da sagte meine Mutter, dass ich doch auch mal was von mir erzählen solle.

Was soll ich denn erzählen?, sagte ich.

Ich weiß auch nicht, irgendetwas, was dich beschäftigt, sagte meine Mutter.

Mich beschäftigt eigentlich gerade nichts Besonderes, sagte ich.

Wir müssen nicht immer machen, was ich will, sagte meine Mutter. Vielleicht sagst du mir auch mal, worauf du Lust hast.

Ich bin zufrieden mit dem, was wir machen, sagte ich.

Warum bist du dann so schlecht gelaunt?, sagte meine Mutter.

Bin ich gar nicht, sagte ich. Ich bin gut gelaunt.

Du wirkst aber nicht so, sagte meine Mutter. Du wirkst beschwert.

Ich bin nicht beschwert, sagte ich.

Immer bist du nachdenklich, nie erzählst du, was dich beschäftigt. Du sitzt nur da und fährst und schweigst.

Ich muss mich aufs Fahren konzentrieren, sagte ich.

Aber ich kann doch nicht die Einzige sein, die ständig etwas erzählt, sagte meine Mutter.

Ich habe gerade nichts zu erzählen, sagte ich.

Jeder Mensch hat etwas zu erzählen, sagte meine Mutter. Hast du denn zum Beispiel neue Ideen für ein Buch?

Nein, bisher nicht, sagte ich.

Und was beschäftigt dich sonst so? Worüber denkst du nach?

Eigentlich über nichts, sagte ich.

Wir fuhren an Strommasten und Umspannungshäuschen auf einem umzäunten Areal entlang, das sich weit in die Tiefe und dort einen Hügel hinaufzog. Die Leitungen zerschnitten den Himmel. Überhaupt fuhren wir jetzt durch eine von Leitungen und Masten und Auffahrten zerschnittene Landschaft.

Nachdem wir in einem Subway-Restaurant an einer Raststätte zu Mittag gegessen hatten, setzte ich zur Tankstelle zurück. Ich ging zum Bezahlen in das Tankstellenhäuschen. Als ich wiederkam, war das Auto umgeparkt, es stand neben den Staubsaugern. Alle Türen standen offen, und meine Mutter beugte sich auf der Beifahrerseite in den Fußraum, in den auch der Schlauch aus der Staubsaugeranlage führte, alle vier Gummimatten hingen auf den Türen.

Ich verstehe nicht, wozu du das machst, sagte ich.

Was meinst du?, sagte sie.

Das Auto ist sauber, sagte ich. Es ist ein Leihwagen.

Nur weil es ein Leihwagen ist, sagte meine Mutter, müssen wir es ja nicht zumüllen.

Es ist doch nicht vermüllt, sagte ich.

Es ist nicht vermüllt, weil ich es aufräume, sagte meine Mutter. Und ich mache es auch gern. Ich will etwas Sport machen, nichts weiter.

Sport?, sagte ich.

Setz du dich schon rein, ich bin gleich fertig, ich mache das nur ganz beiläufig, sagte meine Mutter und öffnete den Kofferraum. Sie lächelte mir zu.

Ich ging zu einer der Zapfsäulen und holte einen Eimer mit dem Scheibenputzwasser. Ich tauchte den Wischer mit dem Schwamm hinein und klatschte ihn auf die Windschutzscheibe, obwohl das Glas mehr oder weniger sauber war.

Als ich alle Fenster geputzt hatte, ging ich vor zur Fahrertür und setzte mich hinein. Während ich hörte, wie meine Mutter mit dem Plastikrohr am Ende des Schlauches im Kofferraum herumschabte, versuchte ich, mich zu beruhigen.

Jetzt ist es doch angenehmer, sagte meine Mutter, als sie neben mir auf dem Beifahrersitz saß. Findest du nicht?

Es ist nicht unangenehm, sagte ich.

Als wir weiterfuhren, sagte meine Mutter, dass sie bald etwas Gesundes zu essen brauche. Sie sprach von Omega-Fettsäuren. Sie müsse, wenn wir in Maine angekommen sein würden, mehr gesunde Fette zu sich nehmen, am besten Fisch.

Das ständige Früchteessen am Morgen ist zwar gut, sagte sie, aber ich muss auch, da ich in der Regel eher fettarm esse, ab und zu etwas zu mir nehmen, das mein Verdauungssystem in Gang bringt. Meine Stimmung ist heute vielleicht deshalb so angeschlagen.

Sie blickte zum Seitenfenster hinaus, hinter dem nun niedrige Hallen und Einkaufszentren vorbeizogen, beugte sich vor.

Was die Leute hier wohl machen, wenn sie von der Arbeit kommen, sagte sie. Alles ist privat, es gibt kaum öffentliche Plätze, an denen man sich treffen könnte. Schon interessant, wie das Leben hier organisiert ist, aber ich bin, ehrlich gesagt, froh, dass man in Bamberg ins Kino oder in ein Café oder ins Konzerthaus gehen kann. Dass das Leben nicht nur im Privaten stattfindet – du nicht auch?

Hinter Boston führte der Highway wieder in sanften Wellen durch hellgrüne Buchen- und Eichenwälder. Die Autos auf den benachbarten Spuren blieben lange Zeit auf gleicher Höhe. Mir schien es, als kämen wir kaum voran. Trotzdem piepte andauernd mein Telefon, weil ich die Maximalgeschwindigkeit überschritt. Die Orte hießen Saugus, Boxford, Gloucester und Newburyport. Wir überquerten den Merrimack River auf einer Brücke aus hoch geschwungenen hellblau gestrichenen Stahlbögen. Wir fuhren an einem Schild vorbei, das auf den *Amesbury Golf and Country Club* hinwies. Ständig hatten wir Schilder passiert, die Motels oder Inns in der Nähe der jeweils nächsten Ausfahrt angekündigt hatten. Aber da es noch zu früh am Tag gewesen war, waren wir weitergefahren. Am Nachmittag, als das Licht weicher wurde und wir, inzwischen schon in New Hampshire, beschlossen, allmählich etwas zum Übernachten zu suchen, tauchte kilometerlang kein einziges Schild mehr auf.

Ich nahm die nächste Ausfahrt Richtung Seabrook. Wieder fuhren wir durch hellen Wald und zwischen Weiden und Feldern, ab und zu an einem einzelnen Haus vorbei. Dann gelangten wir in die Ortschaft Millbrook. Ich fuhr vor einem

Inn vor, das sich als Vier-Sterne-Spa-Resort entpuppte, also fuhren wir weiter. Das Licht war weich und honigfarben, die Häuser und Bäume auf den Weiden warfen lange Schatten. Sie hatten plötzlich eine merkwürdige Vordergründigkeit und Plastizität. An einem Zaun passierten wir eine jugendlich wirkende Person, ich hätte im Vorbeifahren nicht sagen können, ob Mann oder Frau, sie schaute auf die Straße und telefonierte.

Halt irgendwo an, sagte meine Mutter. Ich frage jemanden.

Ich spürte jetzt eine seltsame Furcht angesichts des nahenden Abends. Ich wollte nicht anhalten und das Auto verlassen oder zu lange an derselben Stelle stehen bleiben. Dabei, dachte ich, hatte ich mich doch genau auf diese Art von Abenteuer gefreut. Die Häuser und Höfe an der Straße wirkten düster und abweisend.

Ich hielt an einer Kreuzung vor einer Tankstelle. Meine Mutter kam mit einem Zettel in der Hand zurück und sagte, der Mann an der Kasse sei zwar nett gewesen, habe aber sehr undeutlich gesprochen, weshalb sie nicht sicher sagen könne, ob wir hier rechts runter-, oder links den Hügel hinauffahren sollten. Aber sie sei fast sicher, dass wir rechts abbiegen und in die nächste Ortschaft fahren müssten.

Wir fuhren jetzt ins Landesinnere, weg von der Küste. In der nächsten Ortschaft, Brentwood, stand ein Schild, auf dem das *Brentwood Motor Hotel* beworben wurde. Wir fuhren an den Geschäften im Ortskern und an einer gelben Holzkirche vorbei, dann wieder an Holzhäusern im Wald. Wir fuhren an einem Teich entlang. Die Straße führte einen Hügel hinauf. Linker Hand öffnete sich eine Wiese. In einer Mulde lagen Backsteingebäude, mit einem Parkplatz und einem Metalltor davor, von Stacheldraht umzäunt: die Brentwood-Gefängnisanlage.

Dann wieder kilometerweit nur Wald.

Endlich tauchten, verstreut zwischen den Bäumen, die grauen Holzbungalows des Motels auf. Kein Mensch war auf dem Gelände zu sehen. Auf dem Parkplatz parkten nur zwei Autos, eines davon war bedeckt von einer dicken Schicht hellbrauner Nadeln. Zwischen zwei Bungalows war eine Leine gespannt, an der ein einzelnes Hemd hing. Vor einem anderen Bungalow stand eine Kinderrutsche in der Wiese, deren Leiter fehlte. Der Wald um die Bungalows wirkte dunkel, das Unterholz vertrocknet.

Über der Tür des vordersten Häuschens hing ein Schild mit der Aufschrift *Reception*. Ich meinte, aus dem Gebäude Stimmen zu hören. Die Tür stand offen, aber ein Fliegengitter versperrte den Blick ins Innere.

Ich klopfte an den Rahmen der Tür, dann traten wir ein. Auf einem Sessel, direkt vor einer Kommode mit einem Radiowecker, aus dem Streichermusik in den Raum säuselte, saß ein grauhaariger Mann in Hemd und kurzer Hose. Er streckte nackte und vollständig haarlose, merkwürdig jugendlich wirkende Beine von sich. Ein leises Schnarchen drang aus seinem Mund.

Vielleicht fahren wir weiter, sagte ich.

Hallo?, sagte meine Mutter.

Oh, bitte kommt rein, sagte er. Ich habe euch gar nicht bemerkt.

Auf dem Tisch stapelten sich Architektur-Magazine. Vor

einem Fenster, durch das merkwürdig wenig Licht in den Raum drang, weil direkt dahinter der Wald begann, stand ein Schreibtisch, daneben ein Aktenschrank. Auf einem Sofa lag ein Hund, den ich zuerst für ein abgewetztes Fell gehalten hatte, mit dem man Sitzgelegenheiten bedeckte. Der Hund schaute uns an, rührte sich aber nicht. Auf einem weiteren Sofa im Hintergrund konnte ich eine zurückgeschlagene Bettdecke ausmachen. An der Wand über dem Sofa hingen gerahmte Fotos.

Der Mann hatte erst jetzt die Augen geöffnet.

Ich fragte, wie es ihm gehe, und sagte, dass wir ein Zimmer suchten.

Er entschuldigte sich dafür, dass er eingeschlafen war und fragte, wie viel Uhr es sei. – So spät schon?, rief er.

Er drehte sich zu dem Hund um, dann drückte er sich aus dem Sessel hoch.

Für wie lange braucht ihr das Zimmer?, fragte er.

Für eine Nacht, sagte ich.

Er erklärte, dass er die Bungalows nur monatsweise vermiete, außerdem habe er gerade nichts frei, aber selbst wenn, nein, leider könne er uns nicht helfen. Die meisten Leute, sagte er, wohnen hier während der Erntesaison oder wegen anderer befristeter Jobs. Aber manche kommen gar nicht mehr weg. Wir sind sehr billig, sagte er und lachte.

O.k., schade, aber trotzdem danke, sagte ich.

Meine Mutter trat schon durch die Fliegentür hinaus.

Wartet, sagte der Mann.

Er kam uns hinterher nach draußen. Das Licht überraschte mich. Ich hatte irgendwie erwartet, dass es in den letzten fünf Minuten Nacht geworden war, aber es war immer noch hell. Die Straße vor uns lag verlassen zwischen den Bäumen. Vor einem Bungalow saß jetzt ein junges Paar auf Plastikstühlen an einem Tisch, drei Kinder schienen in der Wiese ein Loch zu graben.

Ist das euer Auto?, fragte der Mann und deutete auf unser Auto. Ein Mietwagen?

Ja, sagte ich.

Es war ein guter Tag heute, sagte er. Ich war einkaufen. Später habe ich die Buchhaltung gemacht. Jetzt habe ich etwas Musik gehört und nachgedacht.

Er fragte meine Mutter, was mit ihrem Gesicht passiert sei. Meine Mutter erklärte es ihm geduldig. Die Schwellung, sagte sie, sei inzwischen schon fast abgeheilt.

Er nickte. Gott sei Dank sei nichts Schlimmeres passiert.

Er streckte meiner Mutter die Hand entgegen und sagte, dass er sich freue, uns kennenzulernen, und dass er George heiße. Er gab auch mir die Hand und fragte uns, wie wir hießen. Wo kommt ihr her?, fragte er.

Als ich sagte, dass wir aus Deutschland kämen, hellte sich sein Gesicht auf. Sein Schwiegersohn sei Ostdeutscher, aus Leipzig, um genau zu sein. Wir sind ein Mal dort gewesen, sagte er. In den 90ern. Alles war runtergekommen oder zerfallen. Mein Schwiegersohn kam noch vor dem Mauerfall, er hat hier zuerst bei Merckson Agro gearbeitet. Ich hatte ihm den Job besorgt, ich war damals Ingenieur. Wir haben Landmaschinen gebaut, aber dann wurde alles auf Elektronik umgestellt, und ich dachte: Genug gearbeitet, ich will nichts Neues mehr lernen, die sollen mir alle den Arsch küssen.

Aber mein Schwiegersohn ist in der Firma geblieben. Er war sogar eine Weile in China. Heute lebt er mit meiner Tochter und meinen Enkeln in Ohio. Das Werk hier ist abgewickelt worden, es hat sich nicht mehr rentiert. Na – er schaute von meiner Mutter zu mir – und was macht ihr so?

Während ich mich schon zum Auto umdrehen wollte – das Licht schwand, wie mir schien, mit jeder Minute, und wir hatten noch keine Übernachtungsmöglichkeit gefunden, der Wald stand dunkel um uns –, sagte meine Mutter, dass sie die letzten zehn Jahre als Physiotherapeutin gearbeitet habe, vor allem mit Patienten, die nach einem Schlaganfall nicht mehr gehen konnten.

Das ist eine wichtige Arbeit, sagte er ernst. Der Mann seiner Schwester habe einen Schlaganfall erlitten und liege seitdem nur noch im Bett. Es ist eine schreckliche Situation, sagte er. Seit zwei Jahren liegt er Tag für Tag im selben Zimmer.

Während er sprach, fuhr er sich mit den Händen über die haarlosen, jungenhaften Oberschenkel.

Meine Schwester kann sich eine Physiotherapie nicht leisten, sagte er. Aber selbst wenn sie es könnte, Trevor würde das nichts bringen, ich glaube nämlich, dass er sich gar nicht mehr bewegen will. Er ist depressiv, das ist die traurige Wahrheit. Ich sage euch, er will schon seit einigen Jahren gar nichts mehr.

Das Allerwichtigste ist, dass man selber noch etwas will, sagte meine Mutter. Ich habe viele Patienten gehabt, die aufgegeben hatten. Es waren häufig Männer. Meine Aufgabe bestand vor allem darin, sie wieder zu motivieren. Es hat viel mit Psychologie zu tun. Der Wille muss aus dem Patienten kommen.

Ich denke, genau das ist bei Trevor das Problem, sagte George und verzog das Gesicht. Trevor hat ein Scheißleben gehabt. Er war schon vor dem Schlaganfall depressiv. Das Leben mit meiner Schwester ist nämlich auch nicht leicht. Sie ist Alkoholikerin. Ich frage mich manchmal, wie das sein kann, dass ich normal bin, und sie ist krank. Warum mein Leben normal ist und ihres nicht. Ich sitze hier und warte eigentlich jeden Abend auf den Anruf, in dem man mir mitteilt, dass etwas passiert ist. Ich kann nachts nicht schlafen, liege wach im Bett und frage mich, was meine Schwester gerade macht. Sie geht manchmal tagelang nicht ans Telefon. Da rechne ich schon mit dem Schlimmsten. Dann ruft sie plötzlich an, und ihre Stimme klingt absolut klar, sie spricht deutlich und gewählt, und ich merke, wie es mir die Eingeweide einschnürt. Die eigentlich schlimmen Momente sind nämlich diejenigen, in denen es ihr gutzugehen scheint. Ich frage sie, was sie in den letzten Tagen gemacht hat, und sie erzählt, dass sie viel zu tun hatte, mit Versicherungen telefonieren, sich um Rechnungen kümmern, arbeiten – sie arbeitet halbtags als Küchenhilfe, alle drei Monate woanders. Sie habe mich, sagt sie, die ganze Zeit zurückrufen wollen, aber sie sei einfach nicht dazu gekommen. Ihr könnt es mir glauben, ihre Euphorie ist das Schlimmste. Wenn sie, zum Beispiel, davon redet, sie wolle Kurse an einer Abendschule belegen, einen Informatikkurs oder einen Salsa-Tanzkurs. Mit Trevor. Sie erzählt mir allen Ernstes: Trevor und ich werden einen Salsakurs belegen! Aber ich traue mich nicht zu fragen, wie sie sich das vorstellt. Ich will auch nicht hinfahren und nachschauen, wie es ihr wirklich geht. Das schaffe ich nicht. Am schlimmsten ist es, wenn sie klar und nüchtern klingt. Wenn sie beginnt, Pläne zu machen. Das passiert jedes Mal, wenn sie etwa zwei Monate irgendwo angestellt war. Endlich habe ich Geld und kann anfangen, Dinge zu unternehmen, wie normale Leute, sagt sie. Endlich kann ich mich um Trevor kümmern. Ein paar Tage später, spätestens nach zwei Wochen, gibt es in dem Restaurant oder Café, in dem sie arbeitet, eine Person, die es auf sie abgesehen hat, die sich besondere Mühe gibt, sie zu vernichten. Die Frau des Chefs, der Chef selbst oder die Chefin, eine Mitarbeiterin. Immer taucht plötzlich jemand auf, der selber angeblich frustriert ist und auf ihr herumzuhacken beginnt. Wenn ich nachfrage, was genau los ist, stellt sich heraus, dass man ihr vorwirft, sie sei nicht zuverlässig. Es kann schon sein, dass ich ein oder zwei Mal zu spät gekommen bin, sagt meine Schwester dann. Weil ich mich um Trevor kümmern musste. Aber jeder von den anderen kommt mal zu spät. Nur bei mir ist das sofort ein Problem. Und niemals verliert jemand ein gutes Wort über mich, wenn ich pünktlich komme, es wird immer nur bemerkt, wenn ich zu spät bin. – Egal, entschuldigt, ich will euch nicht damit behelligen, sagte George und winkte ab.

Er beugte sich unter dem Vordach hervor, stützte sich auf den Oberschenkeln ab und schaute, so nach vorne gebeugt, in den Himmel hinauf.

Es ist noch früh, sagte er. Wollt ihr einen Kaffee?

Wir müssen leider weiter, sagte ich. Tut mir leid.

Ich mache uns einen schönen Kaffee, sagte er, als hätte er mich nicht gehört. Man könnte meinen, die Tage wären alle gleich. Aber das täuscht. Meine Frau – möge sie in Frieden ruhen – hat immer gesagt, dass die Zeit so vergeht, wie man es gerade nicht braucht. Da ist was Wahres dran, findet ihr nicht? Das merkt man in zwei Sonderfällen besonders deutlich, nämlich wenn man entweder aus irgendeinem Grund plötzlich sehr wenig Zeit hat, zum Beispiel, weil man einen Termin vergessen hat und noch alles Mögliche erledigen muss, bevor man losfahren kann. Oder aber, wenn man zu viel Zeit hat und sie sich irgendwie vertreiben muss. In beiden Fällen findet man sich an der vordersten Spitze der Zeit wieder, dort wo ein Moment in den nächsten übergeht oder eben nicht. Entweder kann man ihn nicht daran hindern, oder man kann es, im Gegenteil, nicht beschleunigen. Meine Frau hat immer gesagt, dass es darauf ankommt, den Mittelweg zu finden. Mit anderen Worten: *Habe nicht zu viel vor, aber auch nicht zu wenig*. Für mich ist das noch immer der klügste Rat, den mir je jemand gegeben hat. – Ich koche uns Kaffee, was meint ihr, schlafen können wir auch morgen Nacht wieder.

Er öffnete das Fliegengitter und trat ins Innere des Bungalows, das nun vollständig im Dunkeln lag. Man hörte ihn drinnen mit etwas klappern. Meine Mutter und ich schauten uns an. Ich suchte in ihrem Gesicht nach Anzeichen der Unruhe, die sich in mir ausbreitete. Die Straße vor der Anlage lag still zwischen den Bäumen, die junge Familie war von der Wiese verschwunden. Der Himmel über dem Wald wirkte ausgebleicht. Wir traten in die Dunkelheit des Bungalows und folgten dem Lichtschein in einen Nebenraum. Dort befanden sich eine Küchenzeile und ein Tisch. Auf dem Tisch standen drei Tassen.

Wir müssen leider weiterfahren, sagte ich.

Klar, verstehe ich, sagte George. Setzt euch.

Er tippte den Filtereinsatz an der Kaffeemaschine an, der zuschwang und einrastete.

Ich fragte ihn, ob er vielleicht ein Hotel in der Nähe empfehlen könne oder ob wir, seiner Meinung nach, lieber zum Highway zurückfahren sollten.

Ich würde euch wirklich gern ein Zimmer anbieten, sagte er und seufzte. Aber wir sind komplett ausgebucht. Und hier in der Gegend gibt es bis auf dieses keine weiteren Hotels. Hierher verirren sich selten Touristen. Alle wollen ans Meer. Warum wollen die Leute immer ans Meer? Ich persönlich hab genug davon, ich habe zehn Jahre lang am Meer gelebt. Das hatte natürlich mit einer Frau zu tun. Aber nicht so, wie ihr jetzt wahrscheinlich glaubt, dass es eine unglückliche Geschichte gewesen wäre. Es war eine sehr glückliche Geschichte. Es war die glücklichste Geschichte meines Lebens. Meine Frau Margaret – möge sie in Frieden ruhen – und ich waren insgesamt vierzig Jahre verheiratet und haben zwei Kinder. Wenn ich sage, ich hätte am Meer gelebt, dann meine ich kein romantisches kleines Haus am Strand, sondern eine Wohnung in Boston, hinter dem Industriehafen. Unsere Tochter und unser Sohn sind beide in dieser Wohnung zur Welt gekommen. Ein paar Jahre später sind wir dann hierher zurück, weil meine Eltern krank wurden. Wer weiß, was uns in Boston sonst noch erwartet hätte.

Kopfschüttelnd stand er neben der röchelnden Kaffeemaschine.

Setzt euch, sagte er, mit der Glaskanne in der Hand, aus der jetzt Kaffeeduft aufstieg. Milch kann ich euch leider nicht anbieten. Aber man trinkt seinen Kaffee sowieso besser schwarz, das ist besser für den Magen. Oder auch nicht, eines von beiden war es.

Er lachte. Er goss die Tassen mit einem langsamen, irgendwie zärtlichen Schwung voll, eine nach der andern, in aller Ruhe.

Erzählt doch mal, sagte er, als er sich gesetzt hatte. Warum seid ihr hier? Wo wollt ihr um Gottes willen hin?

Wir wollen erst mal ans Meer, sagte meine Mutter.

Er lachte wieder. Gute Antwort, sagte er.

Draußen, hinter dem miniaturartigen Fenster über der Spüle, herrschte nun Dunkelheit. Der Duft des Kaffees hatte mich ruhiger werden lassen. Ich dachte an Laura und an unser Sofa im Flur, auf dem wir morgens zusammensaßen.

Fahrt zum Highway zurück, sagte George, als wir eine halbe Stunde später vor unserem Auto in der Dunkelheit standen. Fahrt notfalls die Nacht durch, wenn kein Motel kommen sollte, sagte er. Dann seid ihr morgen früh wenigstens dort, wo ihr sein wollt.

Er lachte und strich sich, während ich die Scheinwerfer anmachte, in deren Kegeln Insekten tanzten, mit den Händen über die schönen jungen Oberschenkel.

Als wir vom Parkplatz auf die Straße bogen, sah ich ihn vor der Gittertür auf seiner hell erleuchteten Veranda stehen. Er hob die Hand, stand da, in seiner kurzen Hose mit etwas eingefallenen Schultern, und winkte. Es sah aus, als schwebte er mit seiner Veranda im Nichts. Und wir fuhren los und schauten auf diese beleuchtete Insel zurück, bis sie hinter den Bäumen in der nächsten Kurve verschwand.

Wir waren zum Highway gefahren und hatten nach nur zehn Kilometern ein Motel gefunden. Als wir dort am nächsten Morgen aufwachten, stellten wir fest, dass wir uns schon an der Küste befanden. Nur noch ein paar Ortschaften, und vor uns öffnete sich das Meer. Das Gekreische der Möwen und der Geruch des Ozeans bewirkten, dass ich das Meer vermisste, obwohl wir direkt an seinem Ufer standen. Es war ein paradoxes, rätselhaft nostalgisches Vermissen. Die Wellen rollten im immer gleichen Rhythmus auf den Sand, es roch nach Seegras und nach Fisch, der Himmel spannte sich über uns und traf sich mit dem Wasser weit draußen am Horizont in einer Linie, die sich, sobald ich sie zu fixieren versuchte, aufzulösen schien.

Wir frühstückten vor einem Kiosk Kaffee und Sandwiches, und selbst der Kaffee schmeckte etwas nach dem Seegras, das in großen salzigen Büscheln auf den Felsen trocknete.

Ich stellte plötzlich fest, dass ich ganz ruhig war, dass ich gerne hier saß, mit meiner Mutter zusammen. Dass ich mir meine Alleinreise eigentlich genau so vorgestellt hatte. Die Wellen spülten leise über den Sand. Hinter mir, in meinem

Rücken, spürte ich das Hinterland, ein neuer Tag begann – ich hätte noch eine ganze Weile so sitzen bleiben können, mit dem Blick über die Bucht, hinaus aufs Meer.

Was meinst du mit, du willst auch mal?, sagte ich. Wir hatten kurz vor Mittag zwischen zwei Ortschaften angehalten und waren ein Stück über Felsen zum Ufer spaziert, nun saßen wir wieder im Auto. Es sah so aus, als berührte die weiße Plastikschnauze des Daihatsus vor uns die Wasseroberfläche. Die schwarzen Felsen, die uns vom Wasser trennten, bildeten Spalten und Mulden, in denen sich Muscheln festgesaugt hatten.

Ich würde gerne mal fahren, sagte meine Mutter.

Und wenn wir angehalten werden? Du bist nicht eingetragen, sagte ich.

Wir werden nicht angehalten, sagte meine Mutter. Und wenn doch, dann zahlen wir eben eine Strafe. Das ist hier kein Wildwestfilm, amerikanische Polizisten sind normale Leute. Man kann mit ihnen ganz normal reden.

Aber warum sollten wir das riskieren?, sagte ich.

Weil ich gerne fahren würde, sagte meine Mutter.

Ich öffnete die Tür und stieg aus und ging ums Heck, um meiner Mutter auf halbem Weg den Schlüssel zu übergeben. Ich konnte ihr dabei nicht in die Augen schauen. Ich ging zur Beifahrertür und stieg ein. Meine Mutter rutschte schon mit dem Sitz nach vorne und begann, den Rückspiegel und die Seitenspiegel einzustellen. Vor mir lag die Fläche des Ozeans, der Amerika von Europa trennte, rechter Hand hinter dem Seitenfenster schob sich eine Landzunge ins

Wasser, darauf wuchsen Villen. Ich saß da, den Geruch des Meeres in der Nase, und spürte eine Wut in mir aufsteigen, die ich kannte, die ich nur mit meiner Mutter in Verbindung brachte, weshalb sie mir zugleich auch irgendwie vollkommen unbekannt war. Diese Wut war mit nichts vergleichbar, sie war einmalig, und was einmalig ist, dachte ich, ist nicht einzuordnen.

Meine Mutter setzte zurück und bog vom Parkplatz auf die Straße. Sie überholte eine Gruppe von Rennradfahrern, die mitten in der Mittagshitze unterwegs waren. Sie verlangsamte geschickt vor einer Kurve. Zu beiden Seiten der Fahrbahn lag überflutetes Grasland, über dem Möwen in der Luft schwebten. Wir überwanden einen Hügel mit Holzschuppen, dahinter eine Senke und gelangten in eine Bucht, in der weiße Boote schaukelten, einige mit niedergelegtem Mast und eingepackt in blaue oder rote Planen.

Meinst du, dass die Leute dauerhaft hier wohnen, oder sind das reine Ferienorte?, fragte meine Mutter.

Ich weiß es nicht, sagte ich.

Aber was denkst du?, sagte meine Mutter.

Ich weiß es, wie gesagt, nicht, sagte ich.

Vor Kurven wurde sie langsamer, dahinter beschleunigte sie sanft. Sie schaltete genau im richtigen Moment. Sie fuhr sehr gut. Trotzdem fragte ich mich, wie man nur so Auto fahren konnte, und fand es plötzlich absolut lächerlich, wie meine Mutter Auto fuhr. Ich war überzeugt, dass sie überhaupt nicht Auto fahren konnte. Wie konnte sie ihr halbes Leben lang täglich so mit ihrem Toyota dreißig Kilometer zur Klinik in Heiligenstadt gefahren sein, dachte ich.

Hätte ich gewusst, dass es so viel Spaß macht – ab jetzt fahre immer ich, sagte meine Mutter.

Ich sagte nichts.

Es gefällt mir hier sehr gut, sagte meine Mutter, als wir in einen Ort fuhren, in dem etliche Seafood-Restaurants aufeinanderfolgten.

Ich hätte Lust, baden zu gehen, sagte sie, während auf einem Hügel über uns eine Steinvilla vorbeizog, mit Erkern und Türmchen wie aus Disneyland. Und dann essen wir vielleicht ein Eis. Ich gebe dir eines aus.

Etwas außerhalb der Ortschaft, gleich hinter einem Parkplatz, begann der Strand. Auf der anderen Straßenseite erstreckte sich eine Rasenfläche mit Erhebungen und Mulden, bevölkert von gutgekleideten Leuten mit Golftaschen, die die Löcher umstanden und diskutierten wie bei der Begehung von Baustellengruben.

Meine Mutter holte aus dem Kofferraum ihren Badeanzug, zog sich im Auto um, und wir betraten den Sandstreifen.

Also wenn du nicht ins Wasser willst, bist du selber schuld, sagte sie.

Ich setzte mich in den Sand und sah ihr dabei zu, wie sie bis zu den Knien hineinwatete und sich die Arme benetzte. Dann, nach einem Schritt nach vorne, blieb sie wieder stehen, drehte sich um und winkte mir lachend zu. Super, rief sie. Sie ließ sich ins Wasser gleiten und begann zu schwimmen.

Meine Mutter war in ihrer Jugend Sportlerin gewesen, sie hatte in einem Leichtathletik-Team trainiert. Man sah die Muskeln unter ihrer Haut, wie sie sich anspannten und lösten. Die Bewegungen, mit denen sie nun schwimmend das Wasser teilte, hatten noch immer etwas Kräftiges und Graziles an sich. Als sie nach dem Schwimmen über den Sand am Ufer schlenderte, konnte ich aber auch sehen, dass die Haut an ihren Oberarmen etwas schlaff herabhing und dass ihr Unterbauch gewölbt war und leicht aufgeblasen wirkte. Sie schritt merkwürdig vorsichtig aus.

Während wir weiterfuhren, erklärte mir meine Mutter vom Fahrersitz aus, dass es viele Dinge im Leben gebe, die sie glücklich machten. Dass wir beide hier zusammen waren und uns demnächst etwas Erfrischendes zu trinken bestellen würden in einem Café mit Blick aufs Meer, zum Beispiel. Oder zu schwimmen, etwas Sport zu machen. Oder auch einfach nur in der Sonne zu liegen mit einem Buch.

Ich würde, sagte sie, als ich nichts entgegnete, aus irgendeinem Grund zu viel erwarten, immer wolle ich mehr, als ich hätte, immer etwas Neues und Besonderes, ständig sei mir das, was ich hätte, nicht genug. Das liege, wenn ich ihr die Analyse erlaubte, daran, dass es in meinem Leben keinen festen Punkt gebe und eigentlich auch keine Verpflichtungen. Weder hätte ich Kinder, noch sei ich verheiratet. Ich müsse nicht täglich zur Arbeit fahren, wie sie früher. Mein Beruf bringe keine Stabilität, im Gegenteil, jeden Morgen müsse ich mich von neuem motivieren. Ich sei niemandem verpflichtet außer mir selbst – auch werde ich von niemandem zu irgendetwas gezwungen. Dadurch sei ich nirgends zugehörig. Hinzu kämen meine ständigen Reisen. Es sei schön, sagte meine Mutter, ab und zu in eine andere Stadt oder in ein anderes Land zu fahren und neue Leute kennenzulernen, hier und da zu unterrichten. Aber zwei bis drei Tage in der Woche, acht bis zwölf Mal im Monat? Wie solle man da feste Routinen entwickeln, sich auf sich selbst und auf ein normales Familienleben einlassen?

Schau mal, sagte meine Mutter. Ich hatte es in meinem Leben nicht immer leicht. Aber ich bin zufrieden. Ich lebe seit dreißig Jahren in Bamberg und hatte, obwohl ich anfangs sehr unglücklich war, am Ende einen überraschend interessanten Beruf, in dem ich sehr geschätzt wurde. Ich habe Freundinnen. Ich habe meinen Englischkurs. Ein Mal im Monat fahre ich zu meiner Mutter. Weil ich irgendwann gezwungen war, mich auf diesen Ort, Bamberg, zu beschränken, bin ich heute frei und genieße mein Leben.

Du genießt doch nicht dein Leben, sagte ich.

Natürlich tue ich das, sagte meine Mutter überrascht.

Du lebst seit achtzehn Jahren allein, sagte ich.

Ich brauche ja auch niemanden, sagte meine Mutter.

Aber du hörst nicht auf, davon zu sprechen, sagte ich.

Was meinst du?, sagte meine Mutter.

Du sprichst in Wahrheit von nichts anderem, sagte ich.

Meine Mutter lachte irgendwie empört. Das ist doch Quatsch, sagte sie.

Wir fuhren jetzt durch eine Gegend, die nur aus Supermärkten und Supermarktparkplätzen zu bestehen schien. Zu beiden Seiten blitzten die Scheiben und Dächer von Autos. Die Hitze erschien mir plötzlich unerträglich. Die Luft über den Autodächern flimmerte. Die Sonne stand hoch am

Himmel, aber sie spiegelte sich auch in jedem Seitenfenster, jeder Motorhaube. Das Meer war plötzlich nirgends mehr zu sehen.

Meine Mutter sagte, während sie an einer Ampel hielt, dass ich mich täuschte. Sie komme sehr gut allein zurecht. Man dürfe sich im Leben nur nicht zu sehr auf andere verlassen.

Als sie wieder anfuhr, erklärte sie mir, inwiefern sie von meinem Vater betrogen worden war.

Das ist jetzt achtzehn Jahre her, sagte sie, und es macht mir nichts mehr aus. Für mich besteht sein Betrug eher darin, dass er uns als Familie verlassen hat. Eine Familie ist kein Mietauto, das man einfach zurückgeben kann, wenn es einem nicht gefällt oder wenn man es nicht mehr braucht.

Es kommt doch ständig vor, dass sich Menschen trennen, sagte ich und wusste im selben Moment, dass das nicht stimmte, da es sich auf die Statistik bezog, die über den konkreten Fall meiner Mutter und meines Vaters doch nichts aussagte.

Das stimmt, es kommt ständig vor, sagte meine Mutter. Es macht mir auch, wie gesagt, nichts mehr aus. Ich habe heute ein gutes Leben, ich werde von allen geschätzt, die Leute mögen mich, wie ich bin. Wenn ich etwas für jemanden tue, dann bedankt diese Person sich bei mir. Es wird nicht einfach für selbstverständlich gehalten. Meine Freundinnen liegen mir manchmal damit in den Ohren, dass ich mich nach jemand Neuem umschauen soll. Aber da klopfe ich mir nur gegen die Stirn.

Ich spürte, während ich meiner Mutter zuhörte, einen

merkwürdigen Hass gegen meinen Vater in mir aufsteigen. Ich hasste meinen Vater und seine Frau, ohne es zu wollen, aber gleichzeitig spürte ich auch ein Unbehagen, eine Gegenwehr, hier neben meiner Mutter zu sitzen. Ich versuchte, mich auf die Umgebung zu konzentrieren. Häuser tauchten hinter der Seitenscheibe auf, entschwanden in meinem Rücken aus meiner Wahrnehmung.

Mich überkam, während meine Mutter auf den Highway auffuhr, eine unnatürliche Müdigkeit. Auf einmal entfernte sich die Welt um mich, schien vor mir zurückzuweichen. Die Müdigkeit schob sich zwischen mich und die Welt und trennte mich von ihr. Ich hatte bald das Gefühl, mich nicht mehr dagegen wehren zu können und wegzudämmern.

Meine Mutter schwieg nun, sie schaute konzentriert und in ihre Gedanken versunken auf die Straße.

Wir fuhren an Portsmouth vorbei und überquerten den Piscataqua River. Auf der anderen Seite des Flusses begann Maine. Eine Stunde später passierten wir Portland, das am Wasser lag und nur aus Hochhäusern und Fischzuchten zu bestehen schien. Wir bogen auf eine kleinere Straße ab und fuhren weiter Richtung Bangor, über Brücken und über Meeresbuchten, an denen einzelne Häuser mit Bootssteg im Wald versteckt lagen. Auf einer Hügelkuppe weit vor uns tauchte eine Raststätte auf, auf deren Dach ein riesiger rosa Hummer zu sehen war. Dann schlief ich ein.

Glaub nicht, dass ich nicht weiß, was los ist, sagte meine Mutter.

Ich war hochgeschreckt und blickte mich um.

Ich weiß, dass du nicht gern mit mir hier bist, sagte sie.

Wo sind wir?, sagte ich.

Ich weiß, dass dein Bruder und du mich nicht sonderlich mögt, sagte meine Mutter. Natürlich bin ich deine Mutter, deshalb machst du diese Reise mit mir. Aber sonst wären wir nicht hier.

Wir standen auf einer Schotterfläche. Vor der Windschutzscheibe türmte sich eine Felswand auf, darüber spannte sich ein blauer Himmel, an dem drei einzelne Wolken standen, so weiß und plastisch, als wären sie begehbare Landschaften. Vor der Motorhaube öffnete sich eine Schlucht. Meine Mutter hatte dicht vor einem niedrigen Zaun geparkt, der den Parkplatz vom Rand der Schlucht eher symbolisch trennte. Neben uns lagen helle Baumstämme auf einem Stapel, ihr harziger Duft drang ins Auto.

Warum sind wir in den Bergen?, fragte ich.

Du machst es, weil ich deine Mutter bin, sagte meine Mutter. Du magst mich nur als deine Mutter.

Aber du bist meine Mutter, sagte ich. Wie kann ich dich anders mögen denn als Mutter?

Du interessierst dich nicht für mich als Person, sagte meine Mutter. Du machst es nur aus Pflichtgefühl.

Das ist nicht wahr, sagte ich.

Oder aus Mitleid. Weil du glaubst, dass ich dann beruhigt bin, sagte meine Mutter. Du bist nur hier, weil ich es mir gewünscht habe.

Aber was ist daran so verwerflich?, sagte ich. Ich verstehe das nicht.

Vergiss es, sagte meine Mutter. Es ist, wie es ist.

Sie startete den Motor. Das Radio ging an, sie schaltete es aus, sodass wir nun in einer scheinbar absoluten Stille, in der das Knirschen unter den Reifen überdeutlich zu hören war, zur Straße rollten.

Wo sind wir?, fragte ich wieder. Wir waren ein Stück gefahren, immer den Berg hinauf, zwischen zwei zu beiden Seiten aufragenden Felshängen, an die sich ein paar Kiefern klammerten, um dann wieder ins Freie zu kommen mit der Schlucht rechts neben uns.

Ich wollte weg von der Autobahn und etwas von der Landschaft sehen, sagte meine Mutter.

Ich schaute auf mein Telefon, aber da ich kein mobiles Internet hatte und wir die eingespeicherte Route offenbar verlassen hatten, pulsierte der blaue Positionspunkt, wenn ich hineinzoomte, in einem leeren Bereich mit Koordinatengitter.

Interessant hier, sagte meine Mutter. Wir waren an einer Steinbrücke angelangt, die über die Schlucht führte.

Auf halber Strecke drosselte meine Mutter die Geschwindigkeit, beugte sich übers Lenkrad und schaute nach oben und zu allen Seiten. Auf der anderen Seite ging es bergab. Uns schloss plötzlich Wald ein. Astwerk, Unterholz, umgestürzte Baumstämme streckten ihre Wurzeln in die Höhe. Eigentlich war jetzt nur die gelbe Mittellinie der Beweis dafür, dass wir nicht in einem Mittelgebirge in Deutschland waren, im Harz, zum Beispiel, oder irgendwo in Schweden. Dann tauchte ein Ortsschild auf, das anzeigte, dass wir in die Ortschaft *Pleasant Pond* einfuhren. Wir passierten eine Blechhalle, vor der, auf einem von Pfützen übersäten Schotterplatz, rindenlose Baumstämme aufgeschichtet lagen. Der Wald endete abrupt, Häuser zogen an uns vorbei, in deren Einfahrten Jeeps oder Kleinwagen japanischer Marken parkten. Meine Mutter wurde langsamer, sie bog auf einen Parkplatz ein und hielt vor einem Laden.

Ich stieg aus und schaute mich um. Häuser und Blechhütten am Hang, die Luft war klar und duftete nach aufgewärmtem Holz. Ich stellte fest, dass mein Display leuchtete. Eine Nachricht von Laura: *Wie geht es euch? Was macht ihr?*

Ich wollte ihr etwas über die Situation schreiben, aber ich wusste nicht, was.

Meine Mutter war aus dem Laden getreten und schaute von der Treppe aus zu mir herunter. Sie hob die Einkaufstüte und nickte mir mit einem neutralen Gesichtsausdruck zu.

Es war für mich unvorstellbar, dass meine Eltern ein Paar gewesen waren. Im wörtlichen Sinn: Ich konnte mir nicht vorstellen, wie sie im Pausenhof des Liceums Nr. 2 am damaligen Platz der Roten Armee, heute Kopernikusplatz, Zeit verbracht hatten. Ich kannte den Pausenhof, er kam mir jedes Mal, wenn ich meine Oma in unserer Heimatstadt besuchte, kleiner vor. Er war zu klein, zu eng, um der Ort zu sein, an dem die Geschichte meiner Eltern begonnen hatte, zu grau und zu bedrängt von den dreistöckigen Nachbargebäuden.

Ich konnte mir nicht vorstellen, worüber sie gesprochen hatten, während sie mit ihren Freunden und Freundinnen in der Pause unter der Kastanie gestanden und geraucht hatten. Warfen sie sich gegenseitig Blicke zu? Was hatten sie an, wie sahen sie aus? Hat überhaupt eines der wenigen Fotos, die aus dieser Zeit noch existierten, etwas von ihrem damaligen Wesen, von ihrer Art zu sprechen und sich zu bewegen, sich zu verhalten, zu denken und zu fühlen, eingefangen? Konnten sie wirklich diese Jugendlichen gewesen sein, die ich heute auf den Fotos sah?

Und wie war es später, als sie schon verheiratet und mein

Bruder und ich geboren waren, als wir noch bei den Eltern meines Vaters in der Innenstadt gewohnt hatten, oder ein Jahr darauf, da uns die Wohnung in der Siedlung zugewiesen worden war, in den 80er-Jahren des letzten Jahrhunderts, diesen längst vergangenen und nur noch in Filmen und Dokumentationen und in Geschichtsbüchern greifbaren Jahren des geteilten Europa?

War meine Mutter damals schon die gewesen, als die mein Vater sie heute darstellt, wenn ich nach einem Gespräch mit ihr wieder den Fehler mache, ihm sein Verhalten vorzuwerfen? In seinen eigenen Erzählungen war er der aufopfernde junge Ehemann, der sich gelegentlich an einem Abend unter der Woche von zu Hause frei machte und sich mit Bekannten – Kolleginnen und Studenten – traf, wie alle normalen Menschen auf dieser Welt, nichts weiter. Ein junger Mann, der sich unschuldig mit Freunden traf, während seine Frau, meine Mutter, die keine Wissenschaftlerin war und daher nicht, wie er, im Stande, die Sache rein faktisch, also objektiv zu sehen, hinter jedem abendlichen Nicht-nach-Hause-Kommen sofort eine Liebschaft vermutete.

Ich sah meinen Vater manchmal als jungen Mann vor mir, nach dem Studium am Institut für Sozialwissenschaften. Oder ein paar Jahre später als jungen Familienvater in unserer Siedlung am Stadtrand. Ich sah ihn in dem Alter vor mir, in dem ich heute war, bei einem Sprachkurs in Bamberg an einem Tisch oder in der Küche eines griechischen Restaurants, Teller spülend. Ich sah meine Mutter und uns in unserer ersten Wohnung gegenüber den Sozialblöcken in Gaustadt, der Wohnung, die meine Eltern sich eben noch so leisten konnten, während sie versuchten, in der neuen Stadt und dem neuen Land Fuß zu fassen. Ich sah meinen Vater mit meinem Bruder und mir an Sommerabenden über die Felder und durch den Wald hinter unserer Gaustadter Siedlung auf *Expedition*, er joggend, mit seinem weißen Stirnband und seinen neuen Joggingschuhen, mein Bruder und ich auf unseren neuen Fahrrädern, die sie uns von ihrem ersten oder zweiten Gehalt gekauft hatten. Ich sah ihn, wie er uns, während wir neben ihm herfuhren, von Expeditionen in die Rocky Mountains erzählte, die er als Jugendlicher hatte machen wollen, was aber von dem Land aus, in dem er zufällig geboren worden war, unmöglich gewesen sei. In den Rocky Mountains gab es, wie er behauptete, Wälder wie die hinter den Hochhäusern dieser Bamberger Siedlung, in der Russlanddeutsche und Alkoholiker und Familien mit behinderten Kindern wohnten, die Ärmsten der Stadt, zu denen wir gehörten. Ich sah ihn, wie er später, beim Abendessen, meiner Mutter begeistert erzählte, wo wir gewesen waren und wie schnell mein Bruder und ich mal wieder gefahren seien.

War mein Vater also derjenige, der meine Mutter um ihr Leben betrogen hatte, oder war sie, wie er es heute manchmal formulierte, eine Person, die sich in der Rolle des Opfers gefiel, die Tatsachen ignorierte, ihm *aus jedem Wort einen Strick drehte*, während er, wie er mit einer mich irritierenden Verzweiflung erzählte, einfach nur jemanden gebraucht hatte, mit dem er ehrlich über seine Probleme, auch die mit meiner Mutter, reden konnte, nichts weiter. Denn sie beide waren schon nicht mehr im Stande, normal miteinander zu sprechen – er inzwischen Lehrer für Soziologie und Informatik an einer Bamberger Berufsschule, sie Physiotherapeutin. Schließlich habe auch er manchmal Probleme und Ängste gehabt und manchmal nicht weitergewusst, er habe einfach nur glücklich sein wollen, ohne dass ihm jemand Egoismus vorwarf und ständig neue Beweise für seine absolute Ergebenheit forderte und dafür, dass sie für ihn die allerwichtigste Person auf der Welt war.

Ich konnte, während die Straße in ein Tal abfiel und unter uns die Dächer und Bootsmasten in der Bucht von Camden auftauchten, die Wut meines Vaters absolut nachvollziehen. Denn es war ausweglos. Es hatte keinen Ausweg gegeben, man konnte mit meiner Mutter, wie ich jetzt dachte, nicht reden.

Ich hatte Dales Cousine Maurice angerufen, nachdem wir solche Schwierigkeiten gehabt hatten, hinter Boston etwas zum Übernachten zu finden. Das Haus unter der Adresse, die sie mir über WhatsApp bestätigt hatte, stand etwas nach hinten versetzt in einem nach Art europäischer Miniaturparks gestalteten Vorgarten. Statt eines Modells vom Eiffelturm, vom Kolosseum oder vom Kulturpalast stand hier auf einem Felsstück mitten auf dem Rasen ein einzelner rot-weißer Leuchtturm. Der übrige Bewuchs war durch zwei von hellen Steinen begrenzte Pfade geteilt, und es erhoben sich daraus geordnete Bereiche mit Blumen, hier einstielig und gelbblühend, dort verzweigt und buschig in Weiß-Violett. Von der Veranda aus, auf der ein einzelner Sessel stand, überblickte man diesen Vorgarten, die Straße und dahinter einen großen Parkplatz, auf dem ein Wohnwagen und ein verwaistes Gerüst für einen Stand abgestellt waren, wie für einen Wochenmarkt.

Meine Mutter fuhr in die Einfahrt, die zur Garage hinter dem Haus führte. Ich grüßte, als wir ausstiegen, eine Frau auf der Veranda des Nachbarhauses, die dort in ihrem Sessel saß, auf dem Kopf einen grünen Expeditionshut mit unter dem Kinn zusammengezogenem Band, und sie hob ihrerseits die Hand.

Ich habe gerade hinten Ordnung gemacht, sagte Maurice, als sie uns die Tür öffnete. Sie streifte Arbeitshandschuhe ab, um uns zu begrüßen. Oh, es sieht schon viel besser aus, als ich erwartet habe, sagte sie zu meiner Mutter und berührte unwillkürlich ihr eigenes Gesicht, in einer langsamen, tastenden Bewegung, deren Zartheit mich überraschte, weil Maurice eher kräftig gebaut war und laut sprach.

Ich habe hinter dem Haus einen Schuppen, der bald in sich zusammenfällt, und einen Garten, in dem nichts gemacht wurde, sagte sie, während wir durch eine Fliegentür traten und sie uns an einer Treppe vorbei in einen großen Raum – das Wohnzimmer – führte. So gepflegt der Garten zur Straße ist, sagte sie, und so viel Arbeit ich dort investiert habe, weil ich oft auf der Veranda sitze und lese oder den Verkehr beobachte, so sehr habe ich den eigentlichen Garten hinter dem Haus vernachlässigt.

Sie lachte und bat uns an einen runden Tisch. Sie werde gleich Wasser für einen Tee aufsetzen, oder vielleicht wolle jemand Kaffee? Es sei ja noch nicht zu spät für Kaffee. Wir sollten erst mal ankommen, die Wohnung befinde sich oben, im ersten Stock unter dem Dach, sie werde sie uns gleich zeigen, und dann könnten wir das Gepäck holen und so weiter, aber zunächst sollten wir uns kennenlernen.

Und ihr, sagte sie, wollt euch sicher erst mal hinsetzen und ausruhen.

Wir setzten uns. Sie stellte sich an die Küchenzeile, die fast die Hälfte des Raums ausmachte.

Sie haben ein schönes Haus, sagte meine Mutter. Der Vorgarten gefällt mir sehr.

Danke, sagte Maurice. Aber wie gesagt stellt der Vorgarten nur die halbe Wahrheit dar. Sie lachte wieder, und ich zuckte zusammen. Dieses überlaute Lachen hatte etwas Befreites, als sei Maurice sich der Wirkung vollauf bewusst und kümmerte sich nicht darum.

Am anderen Ende des Raums, wo drei Fenster auf die Straße und den Vorgarten hinausgingen, stand – neben einem Sofa, zwei Sesseln und einem Tisch, auf dem aufgeschlagene Magazine und Bücher lagen – ein Xylophon an der Wand.

Ich fragte Maurice, ob sie Xylophon spiele, und sie sagte, sie habe es aus Uruguay mitgebracht.

Oder besser gesagt, sagte sie, habe sie die Idee aus Uruguay mitgebracht. Gekauft habe sie es hier, ein paar Orte weiter, bei Mike, einem Handwerker und Künstler. Er sei *Native American*. Seit Jahren versuche sie, sich das Spielen beizubringen. Ich bin nicht gut darin, sagte sie. Aber es ist erstaunlich beruhigend.

Sie setzte sich zu uns an den Tisch und goss uns Tee ein.

Sie habe ein paar Jahre als Chirurgin bei verschiedenen Hilfsorganisationen gearbeitet, sagte sie. Unter anderem eben in Uruguay, vor vier Jahren.

Sie stand wieder auf und ging zu einem Regal neben dem Fenster und kam mit einer Broschüre zurück. Erst jetzt fiel mir auf, wie seltsam unsere Gastgeberin gekleidet war, beziehungsweise wie vertraut. Sie trug ganz genau wie Dale eine graue Bügelfaltenhose mit einem Ledergürtel, dazu ein in die Hose gestecktes weißes kurzärmeliges Polohemd. Am Gürtel trug sie, wie er, ein Telefonhalfter aus Leder. Auf ihrer Brust baumelte eine Brille, die sie, vor dem Regal stehend, auf- und dann wieder abgesetzt hatte.

Das ist ein Sozialprojekt, in dem ich mich seit einem Jahr engagiere, sagte sie und legte die Broschüre vor meiner Mutter auf den Tisch. Ein Krankenhaus der afroamerikanischen Community in einer kleinen Stadt in Louisiana, die vor zwei Jahren vom Hurrikan Harvey fast vollständig zerstört wurde.

Wir unterhielten uns eine Weile darüber, was wir in New York und unterwegs gesehen hatten und was wir in Deutschland machten und wie es Dale ging. Maurice erzählte uns, dass sie seit zehn Jahren geschieden war, ihre Tochter in Los Angeles als freiberufliche Geologin arbeitete und ihr Sohn als Baumaschinenverleiher in Ohio.

Definitiv müsst ihr, sagte sie, etwas übergangslos, Mike, den Künstler, kennenlernen. Ihr solltet euch seinen Skulpturengarten anschauen, ein Projekt, an dem er schon seit den 1960ern arbeitet. Außerdem gibt es hier in der Gegend ein paar sehr schöne Strände und Häfen mit historischen Leuchttürmen. Und natürlich zwanzig Meilen die Küste hinauf die Insel, auf der John Travolta seit ein paar Jahren wohnt. Ich arbeite gegenüber, in Belfast, im Krankenhaus. Ihr könntet unserem berühmten Nachbarn in einem der Antiquitätenläden begegnen. Angeblich wird er da häufiger gesichtet.

Sie lachte. Dann kam sie wieder auf Mike zurück, den Künstler, von dem sie jetzt sagte, dass man ihn nicht unbedingt als ihren Lebenspartner bezeichnen könne, sie seien eher einfach Freunde. Er hatte Krebs, sagte sie, und hat ihn überlebt. Er war früher starker Raucher. Was nicht bedeutet, dass er ganz damit aufgehört hätte. Trinken tut er auch, aber nicht exzessiv. Ich selbst trinke nicht, ich rauche auch nicht. Das hat mich nie interessiert. Ich jogge jeden Morgen auf den Mount Battie. Den habt ihr sicher gesehen. Von dort oben hat man den besten Blick über die Bucht und die Küste. Auf den müsst ihr unbedingt hoch. Das ist praktisch das Wichtigste. This is what you wanna do here, sagte sie.

Ich holte die Koffer aus dem Auto, und wir stiegen die Treppe hinauf in die Wohnung unter dem Dach. Maurice hatte sich mit der Ankündigung, sie werde sich jetzt wieder der Rückseite des Hauses widmen, von uns verabschiedet.

Die Wohnung bestand aus einem einzigen Raum mit Dachschrägen, einer Küchenzeile und einem Wohn- und Essbereich. Eines der beiden Betten stand im vorderen Bereich, das andere in der hinteren Ecke, abgetrennt durch ein Bücherregal, von dem Zweige von Pflanzen herabhingen.

Nimm du das hintere Bett, sagte meine Mutter.

Ich kann gerne das vordere nehmen, sagte ich. Dann hast du etwas Privatsphäre.

Nimm du es, sagte meine Mutter. Dann hast du mehr Freiraum und Ruhe und kannst dich, wenn du willst und ich dich nerve, zurückziehen. Das vordere Bett hat eine Fußbegrenzung. Du wirst dich darauf nicht ausstrecken können. Ich nehme das vordere, nimm du das hintere.

Sie nahm mir ihren Koffer ab, ging zum vorderen Bett und stellte ihn daneben. Sie setzte sich an den Rand der Matratze und wippte darauf auf und ab. Sehr bequem, sagte sie und lächelte mir zu.

Nachdem wir unsere Sachen ausgepackt hatten, verstaute meine Mutter noch den Proviant im Kühlschrank. Sie erklärte mir, sie werde den Käse und die Butter in das mittlere Fach legen, die Paprika, die Karotten und den Kohlrabi in die Gemüseschublade; das Mineralwasser und ihr Bier gehörten in das Regal in der Tür.

Sie werde spazieren gehen, sagte sie, als sie mit allem fertig war. Ich solle mich ruhig etwas ausruhen.

Als ihre Schritte auf der Treppe verklungen waren, kam mir die Stille in dem großen Wohnraum um mich herum auf einmal unendlich vor. Das Licht, das durch die Dachfenster in den Raum fiel, kündigte bereits das Ende des Tages an, und von einem Augenblick auf den nächsten begannen die Vögel draußen aufgeregt zu rufen und zu krächzen. Auch das Klopfen und Rascheln vor dem rückwärtigen Fenster hatte nun, wie mir schien, Spätnachmittagscharakter. In diesem Moment, während ich in der Zimmermitte stand, unter dem Dach mit seinen Schrägen und den sich in die Zimmerecken ausbreitenden Schatten, wirkte der Raum viel zu leer.

Ich brachte meinen Koffer zum hinteren Bett und schob ihn gegen das Fußende. Ich setzte mich auf den Rand der Matratze und wippte. Ich stand auf und ging in die Mitte des Raums zurück und setzte mich auf eines der Sofas.

Mir kam es plötzlich so vor, als wäre es unter dem Dach besonders dunkel und als machte das Licht, das von draußen in den Raum fiel, dieses Dunkel überhaupt erst sichtbar. Mir fiel nichts ein, was ich alleine in der Wohnung anfangen könnte. Ich stand auf und packte Notizbuch, Kugelschreiber und Geldbeutel in meine Umhängetasche und trat, das

Zwielicht mit meinem Körper durchschneidend, zur Tür und auf die rettende Treppe hinaus und stieg hinab ins Parterre. Kurz darauf stand ich unten auf der Veranda, wieder im Tageslicht.

Ich ging vor zur Straße. Meine Mutter war nirgends zu sehen. Ich drehte mich nach links und schaute die Straße hinauf, in die Richtung, aus der wir gekommen waren und wo hinter der Hügelkuppe das Zentrum des Ortes mit dem Hafen lag. Ich ging in die Richtung los.

Das Licht hier draußen wirkte vollkommen normal hell. Die Sonne stand schon hinter dem Berg – es musste der Mount Battie sein –, aber der Himmel über mir war noch blau. Es war ein merkwürdiges Gefühl, an diesem Ort zu sein – es kam mir vor, als ginge ich durch eine absolut vertraute Stadt. Die Holzerker des Nachbarhauses waren hell gestrichen, die Dächer waren mit hellen Ziegeln gedeckt. Vor der Veranda stand ein bestimmt zweihundert Jahre alter Baumdinosaurier, aus dem Buschwerk der Gärten wehte eine Art uralte, aber frische Feuchtigkeit zu mir herüber. Offenbar hatte es kurz vor unserer Ankunft oder vielleicht schon am Morgen geregnet. An einer Garage lehnten zwei Kinderfahrräder. Am Lenker des einen hingen bunte Bänder. Mit zeitlupenartig verzerrt anschwellendem und dann genauso langsam abschwellendem Motorenrauschen fuhr ein riesiger roter Pick-up mit silbernen Kotflügeln vorbei, und die Straße blieb, nachdem er hinter mir in das Wohngebiet abgebogen war, still und irgendwie auffällig unbefahren zurück.

Am Fuß der Hügelkuppe kam ich an einer offenen Betonfläche vorbei, in deren Mitte ein paar überdachte Trennwände standen. Eine Frau spritzte mit einem Schlauch ihr Auto ab. Es folgte ein Gebäude mit einer hohen Garagentür, das mich an eine Feuerwehrwache erinnerte, aber es war McFarlands Autowerkstatt. Auf der Hügelkuppe angekommen, von wo man die Bucht und die Masten der Boote sehen konnte, bog ich in eine Seitenstraße ein und ging nun an einem Flachbau entlang, hinter dem sich ein Sportplatz auftat. Auf einem Parkplatz davor standen zwei gelbe Schulbusse.

Plötzlich wusste ich, warum mir hier alles bekannt vorkam: Ich schritt durch die Romane und Filme meiner Jugend. Diese Kleinstadt hier war jede Kleinstadt von damals, in die ich mich hineingeträumt hatte und in der ich als Teil einer Kinderbande auf Fahrrädern durch Seitengassen in den Hafen hinunterpedalierte, an der lokalen Polizeiwache vorbei, in der der einsame Sheriff-Gehilfe namens Ted von einem Leben mit seiner Kollegin Maggie träumte. Unsere Clique machte einen Bogen um die weiß leuchtende Holzkirche, um das Antiquitätengeschäft des irgendwie bösartig lächelnden alten Leland Gaunt, das uns geheimnisvoll anzog. Wir wurden gejagt von den Halbstarken der Stadt, die ihrerseits von ihren alkoholkranken Eltern terrorisiert wurden. Wir wollten zum Haus von Annie oder einem anderen Außenseitermädchen, das nach dem Tod seiner Mutter mit seinem traurigen, aber herzensguten Vater in dieses Städtchen am Ende der Welt gezogen war und sich mit uns zusammen aufmachen würde, für das Gute zu kämpfen.

Ich stand nun an einer Kreuzung. Zu meiner Linken, am Megunticook River, erhob sich ein graues Fabrikgebäude mit einem schlanken Schlot, es kehrte seine mit Brettern vernagelten Fenster der Flussseite zu. Daneben, fast direkt auf dem hier nur langsam fließenden Wasser, lagen die Holzbalkone eines zweistöckigen, leuchtend weiß gestrichenen Gebäudes, das ein Schild als Seniorenresidenz auswies: *Knox Mill Senior Living*.

An der Hauptkreuzung von Camden, auf Höhe des Meeresspiegels, fühlte ich mich schon wieder ganz normal. Ich nickte ein paar weißhaarigen Leuten in khakifarbenen Hosen und Westen zu, die mir entgegenkamen. Ich bog in die Gasse zum Hafen. Am Wasser stellte ich mich an ein Holzgeländer, die Tische eines Restaurants im Rücken, schaute über die Bucht. Ein paar Boote schaukelten am Steg. Vor jedem Boot stapelten sich Reusen, von denen jede eine runde Öffnung hatte, eine Art Einstülpung ins Innere, die sich dort immer mehr verengte. Eines der Boote hieß *Gladys Winck*. Am gegenüberliegenden Ufer lag ein zweimastiger Schoner mit polierten Silberwanten und glänzenden hellen Holzplanken vor Anker.

Ich drehte mich von der Bucht weg. Über dem Städtchen, das im Zentrum aus zweistöckigen Backsteingebäuden bestand, ragten mehrere Kirchtürme in den Himmel. Darüber erhob sich der bewaldete Mount Battie. Als ich feststellte, dass es im Hafen ein kostenloses WLAN-Netz gab, googelte ich Camden. *Landimag* gab dem Ort drei Sterne und den Kommentar: «Absolutely o.k.» Auf der Seite eines Geschichtsenthusiasten wurde die Abhandlung eines gewissen John L. Locke von 1859 zitiert, der sich mit den kleinen Fischerorten an der Küste beschäftigt hatte. Ich fand heraus, dass *Megunticook* ein Wort der hier einst lebenden Mi'kmaq war und sinngemäß «Fluss unter dem Berg» bedeutete.

Die Häuser um den Hafen warfen allmählich längere Schatten. Über dem Ozean außerhalb der Bucht hatte der Horizont eine zartrosa Farbe bekommen, das Blau des Himmels verblasste, die Luft schien plötzlich geklärt und frisch. Jetzt hörte man wirklich überall Vögel rufen. Ich schaute mich ein letztes Mal um. Irgendwie war ich fast sicher gewesen, ich würde hier irgendwo meiner Mutter begegnen.

Als ich unsere Wohnung betrat, saß sie in einem der Sessel. Die Stehlampe in der Zimmerecke brannte. Meine Mutter schaute zu mir auf, ihr Telefon auf den Knien. Sie setzte ihre Brille ab.

Ich dachte, ich würde dich irgendwo treffen, sagte ich.

Meine Mutter zuckte mit den Achseln. Ich habe mir den Ort angeschaut, sagte sie. Eine Wohnsiedlung und den Hafen.

Ich setzte mich auf eines der Sofas.

Meine Mutter schaute nur kurz zu mir hoch. Ich habe, sagte sie, das Telefon vor sich in der Hand, ein paar Fotos an deinen Bruder geschickt. Außerdem wolle sie ein paar an meinen Onkel schicken, damit er sie bei seinem nächsten Besuch ihrer Mutter zeigen konnte.

Was hast du fotografiert?, fragte ich.

Ein paar schöne Häuser und Gärten, sagte meine Mutter. Ich werde vielleicht eine Serie machen.

Wir saßen eine Weile schweigend da. Meine Mutter schaute wieder in ihr Telefon und wischte über das Display.

Wir könnten morgen einen Ausflug die Küste hinauf machen, sagte ich. Oder auch an einen Strand fahren, wenn du magst, sagte ich. Oder vielleicht willst du dich auch erst mal ausruhen.

Das können wir alles morgen früh entscheiden, sagte meine Mutter. Vielleicht bleibe ich morgen Vormittag auch hier, um noch mal allein spazieren zu gehen.

O.k., sagte ich.

Du willst vielleicht etwas alleine unternehmen, sagte meine Mutter.

Nicht unbedingt, sagte ich.

Ich könnte auch vormittags hierbleiben, und du unternimmst etwas für dich, sagte meine Mutter. Und am Nachmittag machen wir dann einen Ausflug.

O.k., sagte ich. Wie du möchtest.

Ich fand ein Café gegenüber dem Camden Postal Office, es lag an einem Platz mit Rasen, in dessen Mitte ein uralter Baum wuchs. Unter diesem Baum hatten vielleicht schon die Mi'kmaq gesessen und später die Siedlerfamilien, die ich mir aus irgendwelchen Gründen auf Picknickdecken vorstellte. Das Café Zoot hatte WLAN und alle erdenklichen Kaffeespezialitäten. An das Haus schloss ein Backsteinhaus mit einem Antiquitätengeschäft an, in dessen Garten drei aus Holz geschnitzte Bärenskulpturen standen, zwei größere und ein kleinerer Bär, nebeneinander auf den Hinterläufen balancierend. Daneben befand sich das dreistöckige Backsteingebäude des Opera House, in dem auch die *Camden Times* untergebracht war. Ein Haus weiter folgte die National Bank, und auf der anderen Seite des Camden Veteran's Memorial Park erhob sich der Turm der Chestnut Street Baptist Church.

Ich hatte es geschafft, seit dem Beginn unserer Reise nicht ein einziges Mal meinen Namen zu googeln, genauso wenig hatte ich den Verkaufsrang meines letzten Buches in den Onlineshops überprüft, keine Bewertung gelesen, nicht nach Rezensionen in den Zeitungen gesucht. Aber jetzt hatte ich, wie aus einem Automatismus, als ich an meinem Platz saß und das Passwort fürs WLAN eingegeben hatte, meinen Namen in die Suchleiste einzutippen begonnen. Ich ließ nach den ersten drei Buchstaben davon ab und löschte sie wieder. Den restlichen Morgen verbrachte ich damit, ein paar Gedanken zu notieren.

An den Wänden des Zoot hingen kleinformatige Fotografien, nicht größer als Postkarten, in schwarzen Rahmen. An einem Tisch in der Ecke saßen zwei ältere Männer. Sie trugen beide kurze Hosen und T-Shirts, der eine hatte ein Tweedsakko über den Schultern. Sie saßen vor je einem aufgeklappten Bildschirm.

Das eigentliche Problem ist die Demographie, sagte der eine.

Das ist nur Teil des Problems, sagte der andere.

Ich bekam nur die Hälfte mit von dem, was sie sagten. Entweder meinten sie, dass Trump das Problem vor zwei Jahren verursacht habe, oder das Problem habe vor zwei Jahren Trump erst möglich gemacht. Der Mann im Sakko erwähnte ein Buch mit dem Titel *Civilization*. Es schien, als käme der ohne Sakko aus Kalifornien, denn er erwähnte ein paar Mal die Stadt Salinas bei San Francisco. Er trug sein weißes Haar kurz und einen Schnurrbart und zu seinen kurzen Hosen mit Seitentaschen Trekkingsandalen. Der im Sakko hatte sein weißes Haar in einen Seitenscheitel gelegt. Eine Frau im Armeeparka, mit langen grauen Haaren und vielen Fältchen um die Augen, trat an ihn heran und hielt ihm einen Zettel hin.

Kannst du den Sarah geben?, fragte sie.

Nach einem Mittagessen in der Wohnung fuhren wir an der Küste entlang Richtung Norden. Hinter Camden, kurz vor einem Ort in einer Bucht, der Lincolnville hieß, befand sich auf einem Hügel der Französische Friedhof. Wir gingen in den Sonnenflecken umher, zwischen Grabsteinen, in die Namen aus dem 18. Jahrhundert graviert waren.

Am Fähranleger von Lincolnville standen die Namen der vorgelagerten Inseln, die vom Ufer aus wie grüne Striche aussahen: Warren Island, Seven Hundred Acre Island, Isleboro. Meine Mutter kaufte sich an einer Bude ein Eis, wir gingen die Strandpromenade hinauf und wieder hinunter, wir waren die einzigen Leute am Meer. Ich versuchte, einen Witz über John Travolta und seine Insel zu machen, ich sagte, ich könne ihn dort drüben sehen, wie er in seinem Garten tanzte. Meine Mutter lachte, aber ich merkte, dass sie mit ihren Gedanken woanders war.

Am Nachmittag wollten wir einen Leuchtturm besichtigen, den ich in Google Maps entdeckt hatte. Wir fuhren an einem Sandstrand vorbei, der von Felsen begrenzt wurde, dann über einen Forstweg voller Schlaglöcher auf einen Parkplatz, der durch einen niedrigen Holzzaun vom Wald abgetrennt war. An einer Tafel mit einer Karte der Halbinsel und des Owls Head State Park betraten wir einen bergan führenden Pfad ins Unterholz. Meine Mutter hatte sich ihr grünes Sonnenvisier aufgesetzt. Sie hakte die Daumen in die Riemen ihres schwarzen Minirucksacks. Ich konnte, während wir einen Felsenpfad hinaufstiegen, ihre plötzlich aufflammende Begeisterung fast körperlich spüren.

Als hinter einer Biegung der Leuchtturm und das glitzernde Meer zum Vorschein kamen, unter uns eine Fläche, auf der rosa Fingerhut wuchs, blieb sie stehen. Sie atmete tief ein und langsam wieder aus, dann schwang sie ihren Rucksack nach vorne auf den Bauch und öffnete ihn.

Jetzt muss ich leider wieder ein paar Fotos machen, sagte sie.

Ich spürte, während meine Mutter den Leuchtturm mit seinem weißen Rumpf und dem Haus daneben fotografierte, eine merkwürdige Verletzung in mir, die aber nicht meine eigene war.

Wir stiegen eine lange Holztreppe zum Felsenvorsprung und zum Fuß des Leuchtturms hinauf. Der weiß gestrichene Rumpf war gedrungen wie ein Hefegebäck. Die Spitze bildete ein verglaster Raum auf einer Brüstung aus schwarzem Stahl.

Oben angekommen, standen wir am äußersten Zipfel der Halbinsel, von wo aus man den offenen Atlantik sehen konnte. Das Wasser leuchtete blau und glitzerte.

Meine Mutter bot einer Familie mit zwei Jugendlichen an, ein Foto von ihnen zu machen. Sie posierten vor dem Turm, dann vor dem Geländer mit dem Meer im Rücken. Der Vater hatte eine übertrieben hohe Stirn, wie mir schien. Die Frau war zwei Köpfe kleiner als er. Meine Mutter unterhielt sich eine Weile mit ihnen.

Sehr nette Leute, sagte sie, nachdem die Familie sich von uns verabschiedet und uns, die Treppe hinabsteigend, auf dem Plateau mit dem Turm und dem Geländer allein zurückgelassen hatte.

Am Abend saß meine Mutter auf dem Sofa. Sie reckte ihren Kopf, brachte ihn in eine künstlich schräge Position, betastete ihr Gesicht. Sie atmete laut durch die Nase.

Tut es weh?, fragte ich.

Im Gegenteil, sagte sie. Ich kann wieder ohne Widerstand atmen. Ich glaube, die Nasenscheidewand hat sich in ihre ursprüngliche Position zurückgeschoben.

Sie drehte ihren Kopf von links nach rechts. Sie kippte ihn auf die Brust und legte ihn in den Nacken. Sie berührte mit den Fingerspitzen ihre Wangen, dann die Nase, die schon fast ganz normal aussah und nur noch die Andeutung einer Schwellung aufwies. Sie schüttelte ein paar Mal den Kopf.

Zum Glück ist es wieder gut, sagte ich. Ich habe mir Sorgen gemacht.

Ich weiß, sagte meine Mutter.

Sie stellte die Füße zurück auf den Stuhl vor sich und hob das Magazin, in dem sie gerade gelesen hatte, wieder auf ihre Knie.

Etwas an Maurice kam mir seltsam vor, aber ich kam nicht darauf, was. Am nächsten Morgen traf ich sie unten, während ich gerade ins Zoot aufbrach und auf halber Höhe der Treppe zu unserer Wohnung ein paar Fotos anschaute, die offenbar Berg- und Seelandschaften aus der Gegend zeigten.

Ich komme gerade von der Nachtschicht, erklärte sie, noch in der Haustür.

Wir unterhielten uns ein wenig, sie erzählte mir von Mike, der offenbar seit drei Jahren kein einziges Mal sein Grundstück verlassen hatte.

Stell dir vor, er bestellt sich alles, was er braucht. Oder ich bringe es ihm mit, sagte sie. Früher sei er viel herumgekommen, in den 1960er-Jahren sei er sogar eine Weile berühmt gewesen. Eine Zeitlang waren New York und sogar Europa an ihm interessiert. Es gab eine Art Hochphase für indigene Künstlerinnen und Künstler und Intellektuelle. Er machte eine Vortragstournee durch einige europäische Städte.

Am Nachmittag hörte ich es aus dem Garten klappern und hämmern. Als meine Mutter und ich kurz darauf unten am Auto standen, verstaute Maurice gerade schwer atmend Harke und Schaufel hinter der Tür des Schuppens. Sie stellte sich zu uns und stützte sich mit der Hand an der Motorhaube ab. Ihre Hand kam mir auf einmal, vielleicht weil sie so nah an meiner war, übergroß vor, wie aufgeblasen.

So, jetzt kann ich mich etwas ausruhen, sagte sie und lachte ihr überlautes Lachen.

Am nächsten Morgen hatte ich gerade eine Weile in John L. Lockes Abhandlung gelesen – über die Namensgeschichte des Mount Battie, dem Lieblingsberg von Betsey Richards, einer der ersten Siedlerinnen in Camden – und danach etwas mit Laura hin- und hergeschrieben und ein paar Sätze über die Fischer im Hafen notiert, als Maurice ins Café Zoot trat. Sie schien mich in meiner Ecke nicht zu bemerken, begrüßte die Leute hinter der Theke und stellte sich in die Schlange. Wie sie da stand, in der Expeditionshose, mit dem weißen, in die Hose gesteckten Polohemd und dem Telefonhalfter am Gürtel, sah sie für mich auf einmal besonders merkwürdig aus. Sie nickte der grauhaarigen Frau im Armeeparka zu. So, wie sie da vor der Theke stand, das Telefon im Halfter am Gürtel, die Brille am Halsband, wirkte sie derart deplatziert, dass ich mich darüber wundern musste, dass nicht alle in dem kleinen Raum ihre Aufmerksamkeit auf sie richteten. Sie nahm, während eine junge Frau vor ihr bedient wurde, deren Kinderwagen draußen vor dem Schaufenster stand, einen Prospekt von einem Stapel neben der Kaffeemaschine und begann, ihn zu studieren. Sie legte ihn zurück und ließ ihre Hand kurz auf der Theke liegen. Sie holte, mit einem Kratzgeräusch die Klappe ihres Halfters aufreißend, ihr Telefon heraus, schaute darauf, steckte es wieder weg.

Es dauerte eine ganze Weile, bis ich endlich dahinterkam. Es war nicht ihre Kleidung, die dieses Gefühl, etwas Ungewöhnliches zu sehen, in mir auslöste. Auch nicht die Art, wie sie über ihre Brille hinweg mit der Bedienung sprach, während sie das Geld abzählte. Sie war – ich begriff es in diesem Moment und stellte zugleich fest, dass ich es natürlich schon seit unserer Ankunft wahrgenommen hatte – die einzige Schwarze, die ich in diesem Café bisher gesehen hatte, und überhaupt die einzige, die mir, seit wir in Camden angekommen waren, auf der Straße, im *Farmers Market*, am Steuer eines Autos oder auf einer der Veranden im Zentrum oder in der Umgebung begegnet war.

Genau als ich das dachte, drehte Maurice sich zu mir um.

Hi, sagte sie.

Hi, sagte ich etwas zu schnell.

Sie kam an meinen Tisch und fragte, wie es mir gehe und wie meine Arbeit vorankomme.

Ich sagte, dass es ja keine richtige Arbeit sei. Ich notiere lediglich, sagte ich, was ich mit meiner Mutter erlebe.

Nur, weil man es freiwillig macht und vielleicht nicht gleich dafür bezahlt wird, könnte es trotzdem Arbeit sein, sagte Maurice. Schließlich sei ich jeden Morgen hier mit meinen Notizen.

Sie schob, nachdem sie gefragt hatte, ob sie sich kurz zu mir setzen dürfe, den Stuhl zurecht und setzte sich mir gegenüber.

Ich meinte, dass ihre Augen heute etwas müde aussahen. Ich fragte sie, wie der Nachtdienst gewesen sei.

Alles ruhig, sagte sie. Hier in der Gegend passiere Gott sei Dank selten was Überraschendes. Ab und zu ein kleiner Autounfall. Ab und zu leider auch ein Herzinfarkt oder ein Schlaganfall. Die Arbeit bestehe jedoch größtenteils darin, als Ärztin anwesend zu sein. Darüber hinaus sei man ziemlich frei. Man unterhalte sich mit den Pflegern und Pflegerinnen, scherze herum, man telefoniere, freunde sich mit dem einen oder der anderen älteren Patientin an. Immer wieder gebe es auch welche, die möge man nicht und meide jeden unnötigen Kontakt. Sie verfolge die Liebesgeschichten zwischen den Pflegern und Ärztinnen, aufkeimende Freundschaften und Feindschaften. Nicht anders als das, was man aus dem normalen Tagleben kenne. Leute lernten sich kennen, kamen zusammen, trennten sich. Man esse miteinander, man schaue fern, schlafe ein, wache – unausgeruht wie sie selber heute – wieder auf.

Ich erzählte Maurice, dass ich schon seit langem ein Buch schreiben wolle, aber am Ende immer ein anderes Buch schriebe, weil mir das eigentliche Leben in Form von Ereignissen in den Weg kam, die ich zwar an sich nicht relevant genug fand, um sie in einem Buch zu beschreiben, aber relevant genug, um sie zumindest irgendwo aufzuschreiben. Und am Ende schriebe ich doch über sie, weshalb ich leider viel zu oft das, was ich wirklich erlebt hatte, beschrieb, anstatt das, was aus meiner Sicht eigentlich beschrieben werden müsste.

Und was müsste beschrieben werden?, fragte Maurice.

Ich weiß auch nicht, sagte ich. Eine Nachtschicht im Waldo County General Hospital in Belfast, Maine, zum Beispiel. Das Leben der Menschen, die dort jeden Tag miteinander in Kontakt kommen.

Bloß nicht, sagte Maurice und lachte.

Ich habe das Gefühl, dass es gerade das Leben aller anderen Menschen ist, das beschrieben werden müsste, nicht mein eigenes, sagte ich.

Ich weiß nicht, ich kenne mich natürlich mit Literatur nicht aus, sagte Maurice. Aber für sie sei mein Leben oder das Leben meiner Mutter ja das Leben von anderen Menschen.

Sie fragte nach meiner Mutter, und ich erzählte ihr, dass wir uns noch ein paar Sachen ansehen wollten vor unserer Heimreise, dass meine Mutter sich aber auch immer noch ausruhen müsse.

Maurice nickte. Der Unfall habe sie ganz schön mitgenommen. It shook her, sagte sie.

Sie erhob sich, nahm ihren Kaffeebecher und schob den Stuhl zurück an den Tisch.

Ich lade euch, wie gesagt, in Mike's Skulpturenpark ein, sagte sie. Ihr müsst ihn gesehen haben, wenn ihr schon hier seid. Und ihr müsst natürlich auch Mike kennenlernen. Ohne diesen Besuch lasse ich euch hier nicht weg, sagte sie.

Sie hob die Hand und trat an die Tür, wo sie sich noch einmal zum Raum umdrehte.

Tschüs zusammen, rief sie.

Die Frau mit dem langen grauen Haar und die junge Bedienung hoben gleichzeitig die Hand und riefen wie einstudiert: *Tschüs, Maurice.*

Schönen Tag euch, sagte Maurice.

An unserem vorletzten Tag in Camden saßen wir zu dritt bei Maurice im Auto, meine Mutter auf dem Beifahrersitz, ich hinten. Maurice bog auf halber Strecke nach Lincolnville in einen Waldweg ein, der als Privatweg ausgewiesen war. Der Weg führte in einem Bogen bergan, unter uns knirschten die Reifen auf dem Schotter. Meine Mutter wirkte seit dem Mittag seltsam angespannt, traurig auch, vielleicht, so dachte ich, weil unsere Reise sich nun dem Ende zuneigte.

Nach einer Weile schimmerte ein Holzhaus zwischen den Bäumen hindurch. Maurice parkte vor einem Jeep, der unter einer Plane in einem Schuppen stand. Wir stiegen aus und traten hinter einem Stapel aus Baumstämmen durch eine Pforte in einem Balkenzaun. Der Baumbestand öffnete sich hinter dem Haus zu einer Lichtung, die in welligen Hügeln zum Waldrand hinauf anstieg.

Mike hatte, als wir um das Haus gekommen waren, in einem Stuhl auf der Veranda gesessen und über die Wiese zum Waldrand und zum Berg geschaut. Als er uns bemerkte, schüttelte er den Kopf, als müsste er aus einem Traum erwachen. Er stand auf, um uns zu begrüßen.

Meine Mutter erzählte ihm ungefragt, dass sie mitten

im Wohnzimmer unserer Wohnung über einen Hocker gestolpert und mit dem Gesicht gegen einen Tisch gefallen sei.

New York ist eine große Stadt, sagte Mike einigermaßen geheimnisvoll.

Er fragte Maurice, wie es ihr heute gehe.

Es geht mir gut, sagte sie. Wie geht es dir heute?

Wir setzten uns an einen Holztisch unter einem Baum inmitten der Wiese, während Mike im Haus verschwand. Der Tisch und die Bank waren eine Gesamtkonstruktion. Die Tischplatte war rund und die Bank drum herum mit einem ringförmigen Stahlgestell daran befestigt wie bei einem Karussell. Man konnte sie nicht verschieben, und der Tisch war, wie ich feststellte, als ich versuchte, in die Konstruktion einzusteigen, im Boden verankert. Das Gelände war weitläufig wie ein Golfplatz und ähnlich hügelig. Vereinzelt und in einiger Entfernung zueinander standen verschiedene Gebilde aus Holz, Plastik und Metall, Objekte, die zum Teil sehr groß waren, ohne dass ich erkennen konnte, was sie darstellten.

Mike kam mit einem Tablett, auf dem er vier Gläser und eine Flasche Mineralwasser balancierte, über die Wiese. Er fragte, wie uns die Gegend gefiel, und meine Mutter sagte, sehr gut. Ja, sagte er, es sei eine angenehme Gegend. Er fühle sich, umgeben von Natur, am wohlsten. Meine Mutter fragte, ob er wirklich den ganzen Tag hier draußen verbringe, mit diesen Figuren, und Mike sagte, dass das tatsächlich so sei. Bis vor ein paar Jahren habe er noch in der Fischfabrik in Belfast gearbeitet, aber jetzt sei er in Rente.

Meine Mutter fragte nach seinen neuesten Arbeiten.

Oh, sagte er. Er habe vor dreißig Jahren damit aufgehört. Eigentlich nach seiner Rückkehr aus Europa.

Sie haben seit dreißig Jahren nichts Neues mehr gemacht?, fragte meine Mutter.

Ja, sagte Mike. Andererseits gebe es immer etwas zu tun. Ein Tag vergehe schnell. Insbesondere, wenn man alt sei. Ich sitze hier, sagte er, und beobachte den Wald. Es gibt immer etwas zu sehen. Ich unterhalte mich mit den Geistern alter Freunde, die hier in diesem Wald leben. Ab und zu kommt Maurice mich besuchen. Ab und zu kommt ein Tourist und bittet darum, sich die Plastiken anschauen zu dürfen. Was macht ihr denn den ganzen Tag bei euch zu Hause?

Ich weiß auch nicht, sagte meine Mutter. Wahrscheinlich unterm Strich das Gleiche.

So viel wie du kann aber keiner herumsitzen, sagte Maurice.

Er zwinkerte ihr zu.

Er sehe in letzter Zeit viel fern, gab er nach einer Weile zu. Beziehungsweise schaue ich inzwischen alles nur noch im Internet. Ohne das Internet und die Serien, sagte er, wäre ich hier im Wald verloren. Es hat mich einen gewissen Aufwand gekostet, bis ich endlich eine Verbindung hatte. Fünf Jahre habe ich mit der Gemeinde gestritten. Aber jetzt muss ich überhaupt nicht mehr in die Stadt. Ich kann mir, wenn mir die Zahnpasta ausgeht oder ich neue Socken brauche oder Schrauben oder Olivenöl, alles bestellen, und am nächsten Tag wird es mir geliefert. Das nenne ich Fortschritt.

Er drehte und wand sich dabei auf der Bank, sodass Tisch und Sitzfläche unter uns wankten, und zog sein Telefon aus seiner Gesäßtasche, als wäre es wichtig, einen Beweis für das, was er gesagt hatte, zu präsentieren. Er legte das Telefon auf den Tisch und fragte übergangslos, ob wir die Serie *Mindhunter* kannten.

Leider nein, sagte meine Mutter.

Ich sagte, dass ich schon mal von ihr gehört, beziehungsweise in meinem Netflix-Account schon mal eine Werbung dafür gesehen hätte.

Es geht um zwei FBI-Analytiker, Holden Ford und Bill Tench, sagte Mike, die in den 1970er-Jahren beginnen, Serienmörder zu befragen, um daraus Erkenntnisse zur Aufklärung neuer Serienmorde zu gewinnen.

Klingt interessant, sagte meine Mutter.

Das ist es auch, sagte Mike.

Ford und Tench, die übrigens reale Personen seien, träfen schließlich auf Dr. Wendy Karr aus Boston, eine Psychologin, die an der Universität abweichendes menschliches Verhalten untersuche. Zusammen bauten sie eine psychologische Abteilung im FBI auf. Es gehe um die reale Geschichte dessen, was man heute ganz selbstverständlich *Profiling* nenne, sagte Mike. Und um die Frage, wie ein Mensch zum Mörder werde. Ob er es von Geburt an sei oder ob er dazu gemacht werde durch die gesellschaftlichen Umstände seiner Entwicklung.

Wenn ihr mich fragt, sagte Mike, ist Letzteres wesentlich plausibler, aber als Erklärung noch nicht hinreichend. Ob und warum jemand die Entscheidung trifft, einen anderen

Menschen zu foltern und zu vernichten, bleibt am Ende, bei allem Erklärungsüberschuss, ein Rätsel.

Du solltest so etwas nicht mehr schauen, sagte Maurice und schüttelte den Kopf.

Ich kann diese Serie nur anschauen, weil darin kein Verbrechen gezeigt wird, sagte Mike. Das ist überhaupt das Wesentliche dabei. Alles wird nur erzählt. Die Mörder sitzen in einem Raum im Gefängnis, die Wissenschaftler hören ihnen zu. Ich habe zu schwache Nerven, um Gewalt zu sehen. Ich ertrage sie nicht. Ich bin schon zu alt dafür.

Ich schaue solche Serien und Filme auch nicht gern, sagte meine Mutter.

Aber es ist eben keine solche Serie, sagte Mike.

Du könntest uns zur Abwechslung deine Figuren zeigen, sagte Maurice.

O.k., sagte Mike.

Wir verbrachten einige Zeit damit, uns aus der Sitzsituation zu befreien. Mike trug plötzlich eine Basecap, aus der sein weißes Haar über die Ohren hing. Er war klein und sehnig, ging so langsam und gemächlich den Hügel hinauf, als müsste er auf jeden Schritt achten. Dabei hatte er einen Arm angewinkelt und wippte spielerisch mit der Hand. Seine Aufmerksamkeit schien plötzlich nicht mehr bei uns oder dem Gelände zu liegen. Seine Augen waren, während wir durchs Gras gingen und den ersten Hügel erreichten, auf den Waldrand gerichtet.

Die Figur auf dem Hügel überragte uns um ein paar Meter. Ein hölzerner Rumpf auf vier Extremitäten, darüber der Kopf. Die Extremitäten waren zusammengezimmert aus Balken, während der Rumpf aus einem Baumstamm gehobelt war. Die Bauchseite des Stammes war von Moos bewachsen. In das Holz waren an mehreren Stellen Spiegelplättchen und Glassplitter eingepasst. Um das, was ich als Hals zu erkennen meinte, lag eine zerfaserte Schnur, an der ein Taschenrechner hing, der leise über ein paar am Boden aufgeschichtete Steine kratzte.

Mike führte uns über einen ausgetretenen Pfad. Wir stiegen in eine Senke hinab und dann wieder auf eine Anhöhe. In einem Steinkreis stand ein Gebilde aus gelbem Plastik, das rund und flach war und in der Mitte eine Öffnung aufwies, durch die man hindurchschauen konnte. Das Objekt erinnerte mich an die rundlich und fließend geformten Möbel aus den Filmen der 1960er-Jahre, die zeigten, wie man sich damals die Zukunft vorgestellt hatte.

Mike stellte sich so davor auf, dass wir, neben ihm stehend, durch das Loch zur Hügelkuppe aufschauen konnten, auf eine Art Boot aus Metall, eine Arche, die ich vom Haus aus nicht gesehen hatte.

Es war ein schöner, sonniger Nachmittag. Die Wiese duftete nach Gras. Die Luft duftete nach Wald. Meine Mutter machte ein paar Fotos.

Als wir uns später unten auf die Veranda setzten, fragte ich Mike, ob er sich vorstellen könne, irgendwann noch einmal nach Europa zu reisen.

Nein, ich denke nicht, sagte er. Ich war ja eigentlich gar nicht dort. Ich meine, sagte er und schaute mich plötzlich wie aus großer zeitlicher Distanz an, ich war natürlich in diesen Vortragssälen, bei diesen Studierenden, in diesen Galerien, wo meine Arbeiten gezeigt wurden. Aber es war ein unangenehmes Gefühl, den Leuten in die Augen zu schauen und zu sehen, dass sie jemand ganz anderen erwartet hatten. Sie schauten mich an, irgendeinen Typen aus Maine, der ein paar Objekte gemacht hatte, und erhofften sich die große Erleuchtung. Ich konnte sehen, wie sie sich unter meinem Blick wanden, wie sie alles versuchten, um sich zu lösen von dem, was ich für sie sein sollte, aber nicht war. Sie konnten es nicht. Der ganze Aufwand, die Arbeit von Wissenschaftsindustrien, von Philosophinnen und Theologen, die Mühe, die sie alle mit sich und ihrem Gewissen hatten, reichte nicht aus. Ich schämte mich. Es tat mir leid, ihnen das anzutun.

Ihnen was anzutun?, sagte ich.

Sie in diese unmögliche Lage zu bringen, sich so erniedrigen zu müssen vor mir. Ich staune, ehrlich gesagt, noch immer, wenn ich daran zurückdenke. Ich kann nicht glauben, wie sehr ich dort störte. Wie irritierend meine Anwesenheit bei diesen Vorträgen war. Was für ein unpassendes, unangebrachtes Detail meine Anwesenheit bei meinen Ausstellungen war, wie beschämend für alle.

Um auf deine Frage zurückzukommen, sagte Mike, ich will nicht mehr nach Europa. Ich will nirgends mehr hin.

Eine Weile schauten wir über die Wiese.

Was stellen die Figuren dar?, fragte meine Mutter. Sind es Tiere?

Es sind Leute, die ich früher kannte, sagte Mike.

Sie sind sehr groß, sagte ich.

Findest du?, sagte Mike. Früher bin ich gern in den Wäldern gewandert. Meine Eltern hatten eine Farm, weiter im Süden, bei Norton. Ich bin zwischen Mais und Tieren aufgewachsen. Mein Bruder hat die Farm dann übernommen, ich wollte sie nicht, ich wollte in Portland studieren. Er ist der Einzige aus meiner Familie, sagte Mike, der noch lebt. Aber niemand geht ganz weg. Meine Eltern sind noch da. Ich denke oft an sie.

Er schaute zum Waldrand rüber und kniff die Augen zusammen. Es sah so aus, als erwartete er, dass dort jeden Moment etwas erscheinen oder passieren werde.

Ich war trotzdem gern in Europa, sagte er nach einer Weile. Ich gewöhnte mich irgendwann an die Unterwürfigkeit der Leute und dass sie mich die ganze Zeit so ansahen, wie sie mich eben ansahen. Ich habe Freunde in Europa.

Wieder zog er sein Handy aus der Gesäßtasche, wischte über das Display, als riefe er Nachrichten oder E-Mails ab. Dann begriff ich, dass er sich auf seiner Instagram-Seite durch Fotos scrollte. Er lachte, scrollte weiter runter und schien plötzlich ganz vertieft in das zu sein, was er dort sah.

Während wir um das Haus herum und zurück zum Auto gingen, rief er Maurice hinterher, wann sie wieder bei ihm vorbeikomme.

Übermorgen, sagte Maurice.

Während sie den Wagen zurücksetzte, winkte Mike uns von der Pforte im Zaun aus nach. Meine Mutter winkte durchs Seitenfenster zurück. Im Unterholz breiteten sich Schatten aus, der Himmel über den Baumkronen war hellblau.

Wir bogen wieder auf die Straße nach Camden und

fuhren ein paar Minuten später in die Stadt ein, vorbei am Denkmal für die Freiwilligen im Bürgerkrieg, das der Bundesstaat Maine aufgestellt hatte, und vorbei am Hafen, in dem die Boote seltsam unbewegt im Licht des Nachmittags lagen.

Wieder in der Wohnung, sagte ich zu meiner Mutter, dass ich noch etwas allein spazieren gehen würde.

Irgendwann stand ich vor dem Friedhof am Waldrand über der Siedlung, den ich schon von verschiedenen Punkten im Ort aus gesehen hatte. In einigen Grabparzellen, die durch Steine in der Wiese oder manchmal durch in die Wiese eingelassene Plättchen markiert waren, steckten Fahnen, die sie als Veteranengräber auszeichneten.

Nach einer Weile entdeckte ich einen eingezäunten Teil unter einem Baum, der wie ein Garten wirkte. Auf einem der moosbewachsenen Steine las ich den Namen *John L. Locke*. Ich schaute über die Dächer der Wohnsiedlung. Es war früher Nachmittag, aber das Licht traf schon flach und golden auf die Bucht. Wir hatten nur noch einen Tag.

Ein entferntes metallisches Hämmern drang an mein Ohr, dann das Geräusch eines aufdrehenden Motors aus einem der Gärten.

Als ich am nächsten Morgen aus dem Bad kam, war mein Bett schon gemacht. Mein Pyjama lag gefaltet neben dem Kopfkissen.

Was soll das?, sagte ich. Ich hätte mein Bett doch selbst gemacht. Ich war nur kurz duschen.

Meine Mutter wischte den Küchentisch ab.

Immer gibt es etwas, das man noch vorher machen muss, sagte sie. Man muss duschen, dann ins Café gehen, um zu schreiben, und dann ist plötzlich und überraschend alles aufgeräumt.

Ich habe dich nicht darum gebeten, sagte ich.

Ich räume auf, weil es mir wichtig ist, sagte meine Mutter.

Das machst du immer so, sagte ich.

Was mache ich?, sagte meine Mutter.

Du machst etwas, obwohl dich niemand darum gebeten hat, sagte ich. Und danach stellst du es so dar, als würde ich dich ausnutzen.

Jetzt bin also ich schuld?, sagte meine Mutter. Sie hatte sich aufgerichtet und schaute mich ungläubig und irgendwie überrascht an, ganz offen auf einmal, ohne irgendeine Abwehr.

Mir schloss sich plötzlich etwas um den Hals und zog sich dort zusammen.

Ich will dieses Gespräch nicht führen, sagte ich.

Weil ich nicht objektiv bin, sagte meine Mutter.

Ich hätte mein Bett selber gemacht, sagte ich.

Weil ich die Tatsachen verdrehe, sagte meine Mutter. Ich interpretiere die Fakten so, wie ich sie brauche, und drehe dir das Wort im Mund um. Dabei bist du, objektiv gesehen, die zuverlässigste, ehrlichste und selbstloseste Person auf der Welt.

Ich habe nicht gesagt, dass ich selbstlos bin, sagte ich. Alles im Zimmer schien in weite Ferne gerückt. Ich habe nur gesagt, dass ich mein Bett selbst gemacht hätte.

Hast du aber nicht, sagte meine Mutter.

Weil du mir keine Zeit gelassen hast, sagte ich.

Um dich erpressen zu können, sagte meine Mutter.

Das habe ich nicht gesagt, sagte ich.

Überhaupt tue ich nur etwas für andere, damit ich sie danach erpressen kann, sagte meine Mutter.

Das habe ich nicht gesagt, sagte ich.

Ich bin eine böse, hinterlistige Person, die will, dass du dich immerzu schuldig fühlst. Die alles daransetzt, dir den Tag und die Laune zu vermiesen.

Das habe ich nicht gesagt, sagte ich.

Natürlich nicht, sagte meine Mutter. Du siehst die Sachen klar und so, wie sie sind, während ich subjektiv und emotional bin und alles so hindrehe, wie es mir passt.

Du hörst überhaupt nicht zu, was ich sage, sagte ich. Ich habe nur gesagt, dass ich mein Bett selber gemacht hätte.

Ich stand plötzlich wieder sicherer auf den Beinen. Ich ließ das Fußende des Bettes los und setzte mich in Bewegung, an meiner Mutter vorbei. An der Tür sagte ich: Ich gehe jetzt in die Stadt, etwas notieren. Ich bin in zwei bis drei Stunden zurück.

Es ist unser letzter Tag, sagte meine Mutter.

Ich will jetzt nicht mit dir reden, sagte ich.

Wir müssen aber, sagte sie. Ein Streit muss ausdiskutiert werden.

Das ist doch kein Streit, sagte ich.

Doch, sagte sie. Was ist es denn sonst?

Meine Mutter hatte ihre Schuhe angezogen. Ich ging aus der Wohnung, und sie folgte mir die Treppe runter, aus dem Haus, durch den Vorgarten, auf die Straße. Ich ging über die Fahrbahn, sie folgte mir. Ich bog hinter dem großen Parkplatz ins Wohngebiet.

Während meine Mutter neben mir durchs Wohngebiet ging, begann sie zu erzählen. Wie sie uns geboren und schon nach drei Monaten wieder Vollzeit gearbeitet habe, wobei sie alle drei Stunden von der Schule in die Krippe gerannt sei, um uns zu stillen, weil das für die Entwicklung eines Kindes wichtig sei, auch wenn die Lehrbücher der damaligen Zeit etwas anderes behauptet hätten. Wie sie später, in jeder Mittagspause, nach Hause geeilt sei, um uns das Mittagessen warm zu machen, damit wir nicht das Essen aus der Schulkantine bekamen, das nicht gesund war und uns nicht schmeckte. Und während sie erzählte, wie sie dann nach Feierabend nach Hause rannte, um das Mittagessen für den nächsten Tag vorzukochen, um Bad und Klo zu schrubben und die Küche zu putzen, die Wäsche zu machen und das Abendessen für meinen Vater vorzubereiten, damit er nach der Arbeit in Ruhe seine Doktorarbeit schreiben, an seiner Karriere arbeiten konnte, die ihm heute fast doppelt so viel Rente einbringe, obwohl sie, wie er, ihr ganzes Leben lang gearbeitet habe, hatte ich plötzlich das Gefühl, ich befände mich in einem absurden Theaterstück, aus dem es keinen Ausgang gab.

Du großes Opfer der Nation, sagte ich.

Und statt Dankbarkeit bekomme ich Hohn, sagte meine Mutter.

Du drehst dich im Kreis, sagte ich.

Weil es immer dasselbe ist, sagte meine Mutter.

Was kann ich denn dafür, dass eure Ehe nicht funktioniert hat?, sagte ich. Was hat das mit mir zu tun?

Ich will, dass du etwas daraus lernst, sagte meine Mutter.

Was soll ich denn daraus lernen?, sagte ich. Ich will das nicht mehr hören. Ich will darüber nicht mehr sprechen. Ich habe mein eigenes Leben und meine eigenen Probleme.

Deine Probleme sind auch meine Probleme, sagte meine Mutter.

Nein, sind sie nicht, sagte ich. Es sind meine Probleme.

Wir sind eine Familie, sagte meine Mutter.

Du weißt doch gar nichts über mein Leben, sagte ich.

Weil du mir nie was erzählst, sagte meine Mutter.

Weil du dich ständig mit diesem Quatsch beschäftigst.

Das ist kein Quatsch, sagte meine Mutter, sondern mein Leben. Und ich erzähle dir das alles nicht, weil ich dein Mitleid will.

Wir waren am Ende des Wohngebiets angelangt. Die Hauptstraße war stark befahren, es war Nachmittag, die Leute hatten offenbar Feierabend, ein Auto bog an uns vorbei in die Siedlung. Meine Mutter trat auf den Gehsteig in der Hauptstraße, wir gingen nun nebeneinander bergab, an Fotos von Häusern und Wohnungsgrundrissen im Schaufenster des Büros der Megunticook Real Estate vorbei, dann am Fenster einer Tierarztpraxis entlang: Wolves & Sons.

Meine Mutter schwieg. Sie ging jetzt immer einen halben Schritt vor mir. Ich wollte stehen bleiben oder abbiegen. Aber ich folgte ihr.

Wir hatten die Kreuzung im Ortskern erreicht und gingen nun wieder bergauf, in das Wohngebiet am Waldrand. Während ich meiner Mutter die Straße hinauf folgte und sie vor mir immer im Halbprofil sehen konnte, erinnerten mich ihr Kopf und Gesicht plötzlich einen gespenstischen Moment lang an meine Großeltern. Ich meinte, sie beide in ihr vor mir zu sehen. Meine Mutter war jetzt nur noch zur Hälfte sie selbst. Zur anderen Hälfte war sie eine demiurgische Mischung ihrer Eltern, sie hatte genau deren Gesichtszüge.

Ich musste daran denken, wie meine Oma zehn Stunden täglich gearbeitet und dann zu Hause die Wäsche gemacht, gekocht und geputzt hatte. Wie sie noch heute, wenn ich zu Besuch war, rastlos zwischen Küche und Wohnzimmer pendelte, einen Schweißtropfen an der Schläfe, und sich jeden Abend vor dem Zubettgehen in ihrem Wohnzimmer, wo sie auf dem Sofa schlief, im Sessel sitzend die Hände eincremte – so, wie sie es ihr halbes Leben lang getan haben musste, wenn die Kinder und mein Opa schon zu Bett gegangen waren und sie endlich diese eine Stunde für sich gehabt hatte.

Die schönste Stunde am Tag, erzählte sie noch heute lachend, und auch, dass mein Opa dieses Ritual immer etwas belächelt habe. Aber er hat mir, sagte sie, von seinen Geschäftsreisen trotzdem immer meine Lieblingscreme mitgebracht.

Meine Mutter war vor dem letzten Haus am Waldrand angekommen, vor uns der Pfad, der auf den Mount Battie führte.

Ich will den Blick von oben sehen, sagte sie.

Wir wissen doch gar nicht, wie lange es bis zum Gipfel dauert, sagte ich, aber meine Mutter ging los. Sie ließ das letzte Haus hinter sich und betrat einen Hohlweg zwischen zwei Erdwällen. Deren Wände rahmten sie ein und bildeten mit den Bäumen einen Tunnel. Das Gefühl des Eingeschlossenseins war, als ich ihr in diesen Tunnel folgte, kurz so real, dass ich für einen Augenblick nicht wusste, ob wir eigentlich hier waren oder sonst irgendwo auf der Welt. Meine Mutter ging nur einen Meter vor mir in kleinen Schritten die Steigung hinauf, aber sie hatte sich in einen fremden Menschen verwandelt, in eine Person, die mir nur von ferne bekannt vorkam, wie eine alte Erinnerung.

Es ist doch schön hier, sagte meine Mutter, am Ende des Hohlwegs. Sie schaute mir entgegen, in den Wald und über die Dächer unter uns zwischen den Baumkronen. Ich kam auf sie zu in der Erwartung, dass wir eine Pause machen würden, aber sie ging einfach weiter.

Sie ging einfach immer weiter, leichtfüßig, sie schien die Steigung gar nicht wahrzunehmen. Ich hingegen spürte, wie mein Puls jetzt schneller schlug, wie er mir bei jedem Schritt in den Ohren pochte und wie das Pochen Teil der Welt wurde und das Tal unter uns mit meinem Inneren zusammen an- und abschwoll. Ich stellte einen Fuß auf einen Steinvorsprung und stemmte mich hoch. Ich stellte den anderen Fuß auf eine Wurzel. Ich stieg über die nächste Wurzel und ein paar Felsen hinauf, die eine natürliche Treppe auf dem Pfad bildeten.

Der Rücken meiner Mutter, ihr ganzer Körper war, während sie mir vorausging, ganz aufgerichtet, sie ging aufrecht und federnd, sie schwebte fast, als sei sie eine junge Person, als hätten Raum und Zeit sich in dem Hohlweg gekrümmt und ein Fenster sich geöffnet in eine frühere Zeit. Meine Mutter war jetzt sie selbst, wie sie einmal, vor meiner Geburt, gewesen war und wie ich sie nie gekannt hatte. Sie ging, während mich die Erde gnadenlos anzog und jeden meiner Schritte beschwerte, mühelos vor mir den Berg hinauf und nahm eine Stufe nach der nächsten, als könnte ihr die Schwerkraft nichts anhaben.

Es ist nicht mehr weit, hörte ich meine Mutter sagen. Sie wartete in einer Biegung des Pfads auf mich. In der Wiese lagen, wie zufällig hingeworfen, ein paar Felsbrocken.

Schau, sagte meine Mutter.

Unter uns breitete sich das Tal des Megunticook River aus. Camden lag klein in der Bucht, ein Kirchturm war zu sehen, die alte Papierfabrik und das Seniorenheim. Außerdem das Zentrum mit der touristischen Einkaufsstraße und der Bootshafen.

Meine Mutter atmete ein. Es roch nach Unterholz und nach Kräutern, aber auch nach der Erdigkeit des Pfads, den wir hochgestiegen waren. Meine Mutter wandte ihr Gesicht der Sonne zu. Ich spürte, wie mir von der Schläfe ein einzelner Tropfen Schweiß die Wange hinunterrann.

Meine Mutter stand etwa einen Meter vor mir und stützte sich mit dem Bein auf einem Felsblock ab. Die Zufriedenheit und Ruhe, die plötzlich, für mich unbegreiflich, von ihr ausgingen, hatten etwas Erhebendes. Meine Mutter stand in dieser Welt, aber sie war, wie ich jetzt deutlich sehen konnte, nicht von dieser Welt.

Während wir den Pfad wieder hinabstiegen, raschelte es in den Büschen um uns. Zurück im Wald, krächzten von den Baumkronen über uns die Abendvögel.

Wir gingen hintereinander her, den Berg hinunter, Kehre für Kehre, erreichten das erste Haus am Waldrand. Der Pfad ging in die Straße über, dann waren wir wieder im Wohngebiet. Aus einem der Gärten hörte ich den flötenartigen Gesang eines Vogels.

Auf einer Steintafel neben einer Panoramakarte oben am Berg hatten ein paar Zeilen eines Gedichts gestanden. *Renascence*, Wiedergeburt, von Edna St. Vincent Millay.

All I could see from where I stood
Was three long mountains and a wood;
I turned and looked another way,
And saw three islands in a bay.
So with my eyes I traced the line
Of the horizon, thin and fine,
Straight around till I was come
Back to where I'd started from.

Die Wälder von Maine blieben hinter uns zurück. Wir fuhren durch Fischerorte, dann durch die Wohngebiete der seltsam weitläufigen, wie zufällig zu einer Einheit sich fügenden Beton- und Wasserstadt Portland. Dann wieder folgten, in umgekehrter Richtung, der helle Laubwald von Massachusetts, die Orte Worcester, Hartford und New Haven. Noch einmal übernachteten wir in Connecticut in einem Motel an der Küste. Hundert Kilometer vor New York war dann plötzlich alle Landschaft verschwunden, zerschnitten von Brücken und Häfen, Highways und Zuggleisen, Stromleitungen und Industrievierteln. Die Kleinstädte der Agglomeration gingen eine in die andere über. Dazwischen die Werften.

Dann standen wir zum ersten Mal überhaupt auf unserer Reise in einem Stau. Neben uns drei Kolonnen von Autos, in denen jeweils eine, höchstens zwei Personen saßen, telefonierende, Kaffee trinkende oder Radio hörende Menschen. Es war Montagmorgen, und eine neue Werkwoche begann.

Nachdem wir das Auto am Flughafen abgegeben hatten, beschlossen wir, die letzten Stunden, die uns in New York City blieben, im Bryant Park zu verbringen.

Die Stadt war noch immer von der Hitze wie gelähmt, kein Windhauch ging durch die Straßen. Wir waren den Weg von der Subway im Schatten gegangen, an den Gebläsen der Ladenlokale vorbei zum Park, wo wir uns einen freien Metalltisch unter den Bäumen suchten. Wir versuchten, uns nicht unnötig zu bewegen. Sobald wir wieder in der Sonne saßen, zogen wir zu einem anderen Tisch um.

Wir gingen abwechselnd zum Toilettenhäuschen, wo der kleine Mann auf einem Tisch neben den Pissoirs wieder Blumen aufgestellt hatte. Ich kaufte uns an einem Holzkiosk Iced Coffee in riesigen durchsichtigen Plastikbechern, in denen man noch eine ganze Stunde lang Eiswürfel mit dem Strohhalm klackernd kreisen lassen und aus denen man immer noch einen Schluck geschmolzenen, eiskalten Wassers trinken konnte.

Meine Mutter hatte ihre Schuhe ausgezogen und die Beine auf einen freien Stuhl gelegt. Sie fotografierte mich, und ich sollte sie fotografieren. Ein allerletztes Foto, sagte sie.

Wir saßen da und beobachteten die Bauarbeiter, die, hoch oben über dem Park, auch heute klein wie Punkte im Gerüst herumgingen. Die Sonne war weitergewandert, also setzten wir uns wieder um. Um die Mittagszeit hatten sich Leute in Anzügen und Hemden um uns versammelt, sie scherzten und lachten, aßen mitgebrachte Salate oder in einem der Läden um den Park gekaufte Pasta. Sie alle wirkten frisch und gut gelaunt, als bemerkten sie die Hitze gar nicht.

Vor dem Eingang in den U-Bahn-Schacht blieb meine Mutter stehen. Sie drehte sich um, hob den Kopf und schaute an den Gebäuden nach oben. Auch ich blickte ein letztes Mal an den Wänden und den Fenstern hinauf – so, wie die Architektur es wollte.

Vielleicht kaufen wir uns noch etwas zu trinken und ein Sandwich?, sagte meine Mutter. Oder meinst du, wir sollten bis hinter der Sicherheitskontrolle warten? Dann hätten wir noch Zeit und könnten uns entspannt irgendwo hinsetzen.

Sie drehte sich zum Eingang der Station um.

Ich habe keinen Hunger, sagte ich.

Aber du wirst ja irgendwann Hunger haben, sagte meine Mutter.

Wir können gern erst nach der Sicherheitskontrolle etwas essen, sagte ich.

Wenn du willst, essen wir schon vorher was, sagte meine Mutter.

Wie du willst, sagte ich.

Ich denke, danach wäre praktischer, sagte meine Mutter.

Ich möchte es so machen, wie du möchtest, sagte ich.

O.k., aber das hilft uns nicht weiter, sagte meine Mutter.

Ich folgte ihr zur Treppe. Wir stiegen hinab in die Kühle des Untergrunds. Ich hatte das Gefühl, dass wir zwar hinabstiegen unter die Erde, aber doch weiterhin geborgen waren von einer höheren Struktur, die unser Leben nun mal darstellte. Wir stiegen in den Zug ein. Eine Stunde später waren wir am Flughafen.

WEITERE TITEL

Der traurige Gast

Die vielen Tode unseres Opas Jurek

Gebete für meine Vorfahren
Gedichte

Unternehmer

Wir zwei allein

Die Rowohlt Verlage haben sich zu einer nachhaltigen Buchproduktion verpflichtet. Gemeinsam mit unseren Partnern und Lieferanten setzen wir uns für eine klimaneutrale Buchproduktion ein, die den Erwerb von Klimazertifikaten zur Kompensation des CO_2-Ausstoßes einschließt.
www.klimaneutralerverlag.de